KB123705

이율곡의 『격몽요결』 읽기

세창명저산책_015

이율곡의 『격몽요결』 읽기

초판 1쇄 인쇄 2013년 9월 10일
초판 1쇄 발행 2013년 9월 16일
-
지은이 이동인
펴낸이 이방원
기획위원 원당희
편집 안효희 · 김명희 · 조환열 · 강윤경
디자인 손경화 · 박선옥
마케팅 최성수
-
펴낸곳 세창미디어
출판신고 2013년 1월 4일 제312-2013-000002호
주소 120-050 서울시 서대문구 경기대로 88 냉천빌딩 4층
전화 02-723-8660
팩스 02-720-4579
이메일 sc1992@empal.com
홈페이지 http://www.sechangpub.co.kr/
-
ISBN 978-89-5586-188-4 03150

ⓒ 이동인, 2013

이 도서의 국립중앙도서관 출판시도서목록(CIP)은 서지정보유통지원시스템 홈페이지(http://seoji.nl.go.kr)와
국가자료공동목록시스템(http://www.nl.go.kr/kolisnet)에서 이용하실 수 있습니다.
CIP제어번호: CIP2013017257

세창명저산책_015

이율곡의 『격몽요결』 읽기

이동인 지음

세창미디어

머리말

    세창미디어로부터 율곡선생의 격몽요결 해설서 집필을 요청받았을 때 한편 기쁘고 한편 조심스러웠다. 조심스러웠던 것은 나의 학문의 깊이가 이 명저의 해설에 적합할까 하는 의구심 때문이었고, 기뻤던 것은 만약 내가 해제 글을 작성한다면, 이 글을 정독精讀하게 될 것이니 그것이 나에게 큰 기쁨과 보람이 될 것이라는 점이었다. 특히 이 글은 선친께서도 매우 좋아하셔서 자손들과 학생들에게 즐겨 강講하셨다는 점에서도, 그 해설에 마음이 끌렸다. 그래서 마침내 나의 천학비재淺學菲才에도 불구하고 용기를 내서 이 일을 맡기로 하였다. 나의 이 해설서가 출판기획자의 뜻대로 독자들이 선현先賢의 명저를 이해하는 데 도움이 된다면, 그것은 나의 큰 보람으로 남을 것이다.

2013. 3. 1.
李東仁

| CONTENTS |

1. 본문에서 '필자'는 본 해설서의 저자를 가리킨다.
2. 인명은 친숙하고 많이 쓰이는 것을 택했다.

  1) 율곡, 퇴계, 공자, 주자, 정명도(程明道), 정이천(程伊川) 등은 널리 알려진 호(號)나 경칭(敬稱)을
    택했다.

  2) 안연(顏淵), 자공(子貢) 등은 『논어』에 흔히 표기된 대로 자(字)를 택했다.

  3) 그 외 많은 분들은 원래의 이름으로 표기했다: 조헌(趙憲), 윤증(尹拯), 송시열(宋時烈) 등.

3. 한국어 단어의 뜻은 신기철(申琦澈)·신용철(申瑢澈)의 『우리말 큰사전』(三省출판사, 1984)을 주로
  참조했다.

  단, 일부 단어들은 필자 스스로 정의하거나 다른 사전을 참조했다.

  한자(漢字)의 뜻풀이는 민중서관의 『漢韓大字典』(李相殷 감수)을 기본으로 삼았다.

4. 출판사의 편집지침을 준수하여 각주(脚註) 또는 미주(尾註)를 생략했다. 그 대신,

  1) 참고문헌은 본문 중에 괄호 안에 제시했다.

    ─ 경서, 또는 고전의 경우 책이름을 제시했다.

    ─ 현대의 책은 저자 이름과 출판연도를 표시했다. 책 이름은 이 책의 끝 참고문헌 난(欄)에
      실려 있다.

  2) 필자의 설명 또는 주(註)도 본문 중 괄호 안에 넣었다. '필자주(筆者註)'라는 표지(標識)는 생략
    했다.

『격몽요결』의
저술배경과 동기, 특징, 영향, 구성

저술배경과 동기

1577년, 선생의 나이 42세 되던 해 정월 율곡은 해주海州 석담石潭으로 돌아왔다. 해주는 율곡의 처가(곽씨郭氏)가 있던 곳으로 파주坡州, 강릉江陵과 더불어 율곡의 주요 연고지 중의 하나다. 40대 초반의 몇 년을 율곡은 해주 석담에서 머물렀으며, 43세가 되던 해에는 은병정사隱屏精舍를 짓기도 하였다. 그해 1577년 12월에 율곡은 『격몽요결擊蒙要訣』을 완성하였는데, 이 해에는 율곡이 조정朝廷에서 벼슬을 하지 아니하고 석담에 머물러 있었으므로 자유로운 저술이 가능했을 것이다.

저술의 배경에 대해서 율곡은 『격몽요결』 서문에서 다음과 같이 말했다: 자신이 해주에 머무는 동안 한두 명 학도가 따라와 학문의 길을 물었다. 그런데 율곡 자신은 스스로 스승 될 만한 바가 없음이 부끄러웠지만, 또한 처음 학문하려는 자初學가 학문의 방향도 알지 못하고 굳은 의지도 없으면서 막연히 더 배울 것만 청하는 것도 이로울 것이 없을 것이기에 책 한 권을 쓰기로 했다는 것이다. 그는 자신의 저술 『격몽요결』이 학도들로 하여금 마음을 닦고 기초를 확립하게 할 뿐만 아니라, 율곡 자신에게도 인순고식因循姑息(낡은 습관이나 폐단을 벗어나지 못하고 눈앞의 안일安逸을 추구함)을 탈피해 스스로를 경계하는 데 도움이 되기를 바랐다.

저술의 특징

대부분의 저술에서 제목은 저서의 내용을 요약해 준다. 『격몽요결擊蒙要訣』도 예외가 아니다. 蒙(몽)이라는 글자는 무지몽매無知蒙昧하다는 의미로도 사용되지만 이 제목 가운데의 蒙(몽)은 아직 지적知的 발달 또는 성숙을 이루지 못한 어린아이의 상태를 가리킨다. 중국 고전 『주역周易』의 제4괘卦인 '蒙'(몽)괘의 蒙도 이와 같은 의미이다. '蒙'괘의 상구上九효爻에 '격몽'이라는 말이 나오는데, 이는 몽매한 이를 깨우친다는 뜻으로 볼 수 있다. 그러니까 『격몽요결』이란 아직 배움의 초기단계에 있는 청소년들 ―초학初學― 을 깨우치는데 꼭 필요한 것들(요점)을 적어놓은 글이라는 뜻이 된다. 우리는 특히 『격몽요결』의 訣(결)자에 주목하게 되는데, 이는 "어떤 목표에 도달하는 데 가장 효과적인 비밀스러운 방법" 쯤으로 해석될 수 있다. 곧, 율곡 선생은 젊은 학생들이 이 책의 내용대로 생각하고 행동하다면 바른 삶을 사는 데 부족함이 없을 것이라고 확신했던 것으로 보인다.

그러나 필자(해제자)는 이 책이 단순히 처음 학문을 하려는 청소년들만을 위한 것이라고는 생각하지 않는다. 이 짧은 책에는 어떻게 사는 것이 가치 있는 삶인지, 학문의 본질은 무엇인지, 가족과 이웃을 대하는 태도는 어떠해야 하고, 어떻게 마음을 다스려 가야 하는지에 관한 이야기가 간결하게 담겨 있다. 이 점에서 이 책은 유학儒學, 또는 성리학性理學의 핵심을 꿰뚫고 있다고 할 수 있다. 율곡이 자신의 글을 통해서 스스로 경각심을 갖고 반성하려 한다는 말을 한 것을 보면, 이 글이 단순히 동몽童蒙만을 위한 것만은 아님을 알 수 있다.

이 책의 중요한 특징 중의 하나는 율곡이 독자들에게 일방적으로 도덕적(규범적) 행동을 요구하는 것이 아니라, 왜 그런 행동이 합당한지를 논리적으로, 조리 있게 설명해 준다는 점이다. 유가사상儒家思想의 으뜸가는 윤리규범인 효孝를 설명하는 방식을 보자. 기독교 『성서』 같으면, "자녀들아 너희 부모를 주 안에서 순종하라 이것이 옳으니라「에베소서」 6장 1절~3절"라고 무조건적인 당위當爲를 강조했을 것이다. 그런데 율곡은 "세상에서 가장 귀한 것이 나의 몸인데, 그것을 우리에게 준 것이 부모이니, 부모에게 효를 다하지 않을 수 없다"고 친절하게 그 이유를 말해 준다. 이와 비슷하게 율곡은 형제가 우애해야 하는 이유로서, 형제란 한 나무줄기에서 나온 가지들과 같으니, 어떻게 형이 곤경에 처했는데 아우가 즐거울 수 있을 것이며, 또한 부모가 보기에는 똑같은 아들딸인데 형제가 서로 화목하지 못하다면 이는 큰 불효가 아니겠느냐는 논리를 편다. 또 학문에 뜻을 둔 자가 모름지기 성인聖人을 기약해야 하는 이유로서, '성인'과 '나'가 본질적으로 동질적인 존재며, 인간 정신이란 것이 허령불매虛靈不昧(잡된 생각이 없이 마음이 신령하여 어둡지 않음)해서 얽매이는 바가 없으니, 범부凡夫라도 성인을 기약하지 못할 이유가 없다고 말한다. 이러한 친절한 논리적 설명이 이 글이 갖는 매력 중의 하나며, 이 글의 생명력과 설득력을 더해 주고 있다.

교육의 목표

이 글은 어떻게 가치 있고 보람 있는 삶을 살 것인가에 관한 종합적인 성찰을 담고 있다. 그렇지만 이 글의 성격은 율곡이 서문에서 밝혔듯이 교육서이다. 그것도 이제 막 학문에 입문하는 초학들에게 학문과 인생에 대한 방향을 잡아주기 위한 교육서이다. 율곡은 교육과 학문의 목표를 어디에 두었을까? 내적으로는 도덕적으로 수양이 되어 있고 외적으로는 국가와 민중을 위해서 일할 수 있는 인재를 길러내는 것이다. 그런 인재를 율곡은 참된 선비 ―진유眞儒― 라고 불렀다. 율곡의 표현을 빌리면 나아가 도道를 행하여 백성들을 행복하게 살 수 있게 하고, 물러나서는 만세萬世에 가르침을 남기는 이는 진유이고, 습속習俗에 젖어 무엇 하나 고쳐보려고 하지 않고 현실에 안주하려는 이는 속유俗儒이다「동호문답東湖問答」. 율곡은 선비가 학문을 익히는 것은 장차 배운 바를 실천하기 위함이며, 선비는 배운 것을 세상에 펼 사회적 책임이 있는 자이며, 선비가 물러나는 것은 때를 못 만나서, 곧 말이 쓰이지 아니하고 도道가 행하여지지 아니하므로 물러나는 것이지, 물러남이 평소의 뜻素志은 아니라는 것을 분명히 했다. 곧, 율곡은 참된 선비眞儒를 양성하는 것을 이 책의 목표로 삼았다고 볼 수 있다.

평가 및 영향

『격몽요결』은 후세 유학자들에게 널리 읽히고 또 매우 중시되었다. 퇴계退溪 문인 조목趙穆, 월천月川은 그의 외사촌의 아들인 권시경權是經으로부터 이 책을 받아 읽고는, "이 책은 천하만세에 행해질 만한 것"이라고 하여 이 책을 매우 높게 평가하였으며, 또한 율곡의 제자 조헌趙憲, 중봉重峯은 『격몽요결』

에 대해서 각별한 애정과 숭모崇慕를 표했다. 중봉重峯은 이 책을 평하여, 자신을 닦고 일에 대응하는 요령을 간추려서 갖추고 있으니 선비로서 읽지 않을 수 없다고 하였으며, 토정土亭 이지함李之菡이 세상을 떠나 그에게 문상 갈 때에도 이 책을 가지고 다녔다이동준, 2007. 또한 윤선거尹宣擧는 윤증尹拯에게 초학자가 읽을 필독서로서 성혼成渾의 『위학지방爲學之方』과 함께 율곡의 『격몽요결』을 제시하였고 윤증은 이를 충실히 계승하였다. 과연 『격몽요결』과 『위학지방』은 퇴계의 『성학십도聖學十圖』와 더불어 기호학파畿湖學派의 주요 교재로 간주되었다.

후일 인조仁祖는 왕명으로 이 저서를 간행해 사고史庫에 나누어 주었으며, 정조正祖는 강릉에 보존되어 있던 친필본 『격몽요결』을 읽고 친히 수초본手草本 『격몽요결』 서문을 지어 책머리에 붙이게 하였으니 이 저서의 가치와 명성이 오래 전해졌음을 알 수 있다. 안경애가 언급했듯이, "이처럼 『격몽요결』은 일반 유생으로부터 군왕에 이르기까지 널리 읽히게 되었다. 그 까닭은 『격몽요결』의 내용이 국정에 도움이 되고, 차서次序가 조리 있어 배우고 익혀 실천하기에 적절한 덕목을 수록했기 때문이다." 효종孝宗 연간에 이 글이 일본에서도 간행되었다는 사실은 이 글의 영향력이 국경을 초월하였다는 사실을 말해 준다안경애, 1991.

구 성

『격몽요결』은 저자 율곡의 서문과 10개 장章의 글로 되어 있다. 서문은 율곡의 집필동기를 적어 놓은 글이고, 나머지 열 개 장은 각각 '입지立志', '혁구습革舊習', '지신持身', '독서讀書', '사친事親', '상제喪制', '제례祭禮', '거가居家', '접인接人', '처세處世' 등의 제목을 달고 있다. 크게 나누어 보면 '입지', '혁구습', '지신', '독서' 네 개의 장은 자기계발 또는 자아실현에 관한 장이니 이 글의 핵심이라 할 수 있고, '사친', '상제', '제례', '거가' 네 개 장은 가족과 가정에 대한 글로서, 가족에 대한 도리와 제가齊家에 대한 생각을 서술한 것이다. 효孝에 대한 글과 상례, 제례에 대한 글이 『격몽요결』 10개 장 중 3개 장을 차지하고 있는 것은, 율곡이 가족윤리 특히 효제孝悌를 얼마나 중시하였는지를 말해 준다. 나머지 두 개 장, 곧 '접인'과

'처세'의 장은 대인관계의 올바른 태도와 사환仕宦(벼슬살이)의 자세를 논한 것이다.

핵심사상

『격몽요결』의 핵심 사상은 「서문」과 「입지장」, 「지신장」에 거의 다 들어 있다. 격몽요결 본문을 검토하기 전에 율곡이 이 글에서 진정 말하고자 했던 것이 무엇인가를 살펴볼 필요가 있다.

서문에서는 사람은 학문을 통해서만 사람다워질 수 있다는 것과, 학문이란 흔히 (잘못) 알고 있는 것처럼 생활과 떨어진(유리遊離된) 특별한 어떤 행위가 아니라 그냥 일상생활 속에서 그 마땅함을 얻는 것임을 밝힌다. 우리가 가야 할 길을 밝히는 데 결정적으로 중요한 것은 독서와 궁리이며, 독서와 궁리를 통해 우리의 지식과 실천이 중정中正함을 얻게 된다.

「입지장」에서는 인간의 본성과 능력, 그리고 학문하는 이의 각오 등에 대해서 말하고 있다. 강조하는 것은 범부중생

凡夫衆生과 성인聖人의 본성이 완전히 같기 때문에 우리는 누구나 성인과 같아질 수 있고, 성인이 될 수 있다는 점이다. 물론 인간의 기질에는 맑고 흐림清濁, 순수하고 잡박함粹駁의 차이가 있지만, 이는 극복할 수 있는 차이이니, 이는 인간의 심성이 허령虛靈해서 타고난 바에 구속되지 않기 때문이다. 그러니 누구라도 삶의 과정에서 오염된 것(타고난 성품의 때 묻고 찌든 것)을 제거하고 원래의 본성性初을 회복하면 이미 만 가지 선萬善을 자신에게 갖춘 것이며, 스스로 성인을 기약할 수 있다. 학문에 뜻을 둔 자의 입지立志는 반드시 성인 되기를 기약하는 것이라야 한다. 그런 뜻을 세웠으면 즉시 공부에 들어가야 하는데, 공부는 아무리 해도 모자란 듯이 하고, 물러섬이 없어야 한다.

「지신장」에서는 학문하는 자가 가져야 할 태도에 대해서 말한다. 공부하는 사람은 행색도 바르고 엄숙해야 하며, 언어도 신중해야 한다. 몸을 다잡이하고 학문에 나아가는 데 구용九容, 구사九思처럼 좋은 교훈이 없으며, "禮(예)가 아니면 보지 말고, 禮가 아니면 듣지 말고, 禮가 아니면 말하지 말고, 禮가 아니면 행하지 않을 것이니라"는 가르침도 항상 염

두에 두어야 한다. 학문하는 자는 성심誠心으로 구도求道할 것
이니, 세속적인 일로 그 뜻을 흐려도 안 되고, 외물外物(돈, 지
위, 명예 같은 것)에 압도되어서도 안 된다. 일할 때와 독서할
때 외에는 조용히 앉아靜坐 마음을 다듬을 것이다. 학문하는
자는 모름지기 공경하는 마음으로 근본을 삼고, 궁리함으로
써 선善에 밝고, 힘써서 실천해야 한다. 무고한 사람 하나를
희생시켜서 천하를 얻을 수 있더라도 그런 일을 하지 않는
선비의 정신을 간직하고, "생각에 거짓됨이 없다思無邪"는 말
과 "공경하지 않는 바가 없다無不敬"라는 말은 잠시라도 잊어
서는 안 된다.

서문序文

율곡은 『격몽요결』 서문에서 학문의 필요성과 학문의 본질을 밝히고, 자신이 이 글을 쓰게 된 배경과 동기를 서술한다.

학문이 필요한 이유는 "학문이 아니면 사람이 될 수 없기 때문이다人生斯世, 非學問, 無以爲人." 사람은 생물학적인 유기체有機體 organism, 즉 생명체로 세상에 태어날 뿐이다. 인간이 사회적으로 쓰임새 있는 인간이 된다거나 자신의 잠재능력을 실행할 수 있는 것은 오직 배움(학문)에 의해서이다. 유가儒家의 용어로 '입신행도'立身行道는 오직 학문에 의해서만 가능한 것이다.

그런데 학문은 결코 멀리 있는 것이 아니며, 특이한 것別件

物事이 아니다. 그저 부모가 되어서는 자애롭고, 자녀가 되어서는 효성스럽고, 신하가 되어서는 충성을 다하고, 부부가 되어서는 분별이 있고, 형제가 되어서는 우애 있고, 연소자가 되어서는 어른을 존경하고, 친구가 되어서는 믿음을 지키는 것 —이것이 곧 학문이니 학문이란 일상생활에서 그 마땅함을 따르는 것이다皆於日用動靜之間, 隨事各得其當而已. 여기서 율곡이 말하는 학문이란 우리가 흔히 생각하듯이 글과 책을 뜻하는 것이 아니라 행동과 실천을 뜻하는 것임을 알 수 있다. 공자가 은밀한 것을 찾고 불가사의한 것을 행하는 것索隱行怪을 하지 않는다고 했듯이 율곡은 현묘玄妙한 것에 마음을 빼앗겨 기이한 성과를 얻는 것은 학문이 아님을 밝히고 있다. 만약 우리가 공부를 하지 않는다면 마음(마음밭)에 띠풀茅이 자라남과 같고, 식견識見이 어두울 터이니 반드시 독서하고 이치를 따져 봄으로써讀書窮理 우리가 가야 할 길을 밝힌 다음에야 앎과 실천이 바르게 된다. 그런데 많은 사람들의 병폐는 학문이 일상생활日用 속에 있는 것을 모른 채 망령되게 멀고도 행하기 어려운 것高遠難行에 뜻을 두고서, 자신은 할 수 없는 일이라고 자포자기하고 남에게 미루는 것을 일삼으니, 이는 슬픈 일이 아닐 수 없다고 율곡은 말했다.

앞에서 말한 대로 율곡은 서문에서 자신이 이 글을 쓰게 된 배경과 동기를 밝혔다. 자신이 해주海州에 머무는 동안 몇몇 학도가 자신에게 배우기 위해서 왔는데, 학문의 방향도 모르고 뜻도 굳지 않은 상태에서 더 배우기만 청하는 것이 서로에게 도움이 되지 않을 뿐 아니라 오히려 타인에게 원망을 남길 일이었다. 그래서 책 한 권을 써서 마음을 바로 세우고, 몸을 신칙申飭(단단히 일러서 경계함)하고, 어버이를 섬기고, 사람과 일을 접하고 처리하는 방법을 대략 기술하여 이를 "격몽요결擊蒙要訣"이라고 이름지었음을 밝혔다. 율곡의 바람은 배움에 뜻을 둔 이들이 이 책을 보고나서 마음을 씻고洗心, 굳건히 서서立脚 그날로 공부를 시작하는 것이었다. 그리고 율곡 자신도 자신의 글을 보고 스스로 경계하고 반성을 하려 한다는 뜻을 표했다.

『격몽요결』 서문의 주제어는 '학문'이다. 문제의식은 "학문은 무엇이며, 우리는 왜 학문을 해야 하는가?"라고 할 수 있다. 이 문제에 대한 거친 답은 학문은 우리의 일상생활에서 바른 도리를 찾는 것이며, 학문은 사람이 사람다워지기 위해서 꼭 필요한 것이라고 할 수 있을 것이다. 율곡이 생각한 학문은 책상 위에 있는 것도 아니고 책 속에 들어 있는 것도 아니다. 그것은 우리의 생활 속에 있고, 어떤 의미로는 우리의 삶 자체이다. 율곡이 말한 대로, "부모가 되어서는 자애롭고, 자녀가 되어서는 효성스럽고, 신하가 되어서는 충성을 다하고, 부부가 되어서는 분별이 있고, 형제가 되어서는 우애 있고, 연소자가 되어서는 어른을 존경하고, 친구가 되어서는 믿음을 지키는 것"이 곧 학문이라면, 우리는 일상생활 속에서 학문을 실천하는 것이고, 일상생활이 곧 학문의 장場이다. 사람들이 이를 깨닫지 못하고 학문을 '일상의 삶과 동떨어진 것別件物事'으로 여기는 경우가 많은데, 이는 전혀 잘못된 생각이다. 학문은 일상생활에서 괴리될 수 없는 것이므로, 학문을 한다는 것은 도道를 추구하는 것과도 같다. 『중용中庸』에 쓰여 있는 대로, "도라는 것은 한 순간도 떨어질 수 없는 것이니, 떨어질 수 있다면 그것은 도가 아니다"『중용』, 제1장. 학문이 일상생활 속에 있고 일상생활을 통해서 실현된다는 생각은 유가의 오래된 생각이다. 율곡은 이 글의 다른 곳[제3, 「지신장持身章」]에서 "학문을 하는 것이 일상

24

생활 속에 있으니, 만약 평소에 거처함이 공손하고居處恭, 일을 함이 공경스럽고執事敬, 사람을 대함이 충신忠信하다면與人忠 이를 이름지어서 배움學이라 한다"라고 가르쳤고, 일찍이 공자 제자 자하子夏(복상卜商)는 "현인賢人을 존경하여 낯빛을 바꾸고, 부모를 섬김에 그 힘을 다하고, 임금을 섬김에 그 몸을 바치며, 벗과 사귐에 그 말이 신실信實하다면, 남이 배움이 없다고 할지라도 나는 반드시 배움이 있다 하리라"라고 하였다『논어論語』, 「학이學而」. 이처럼 학문을 일상생활로부터 유리遊離된 것으로 보지 않고 삶 자체를 학문의 장場으로 보는 것 —그것이 진정한 유가적 학문관이다.

율곡이 생각한 학문은 글과 책을 뜻하는 것이 아니라 행동과 실천을 뜻한다. 독서와 궁리窮理는 식견을 넓혀주고 이치를 바로 알기 위해서 필요한 것이다. 그러나 독서는 하지만 행동이 바르지 못하다면 그 독서는 무슨 의미가 있겠는가?

이른바 학문이란 오똑 단정하게 앉아서 하루 종일 책을 읽는 것이 아니라 나날이 일을 해나감이 하나하나 이치에 맞는 것을 일컫는 것이다. 이제 독서는 하지만 나날이 일을 처리함이 이치에 맞는 것을 구하지 않는다면 어찌 이를 학문이라고 하겠는가. —「연보年譜」

이처럼 유학儒學, 특히 선진先秦유학의 학문관은 매우 실천적이다. 『논어』「자로子路」편에서 우리는 다음과 같은 기록을 본다: "시詩 삼백 수를 줄줄 암송하더라도, 정사政事를 맡기면 제대로 하지 못하고, 사방에 사신使臣으로 보내도 스스로 응대할 줄을 모른다면, 詩를 아무리 많이 읽었더라도 또한 무슨 소용이 있겠는가?"『논어』, 「자로」.

제1장
입지立志

　　초학初學(처음 학문을 하는 사람)에 대한 율곡의 기대와 바람은 다음 한 구절에 녹아 있다: "초학은 먼저 모름지기 뜻을 세우되 반드시 성인처럼 되기를 스스로 기약해야 하며初學先須立志, 必以聖人自期, 터럭 한 올만큼이라도 자신을 보잘것없는 존재로 보아 물러서고 남에게 의지하는 생각을 가져서는 안 된다." 율곡이 처음 학문의 길에 접어든 사람에게 먼저 하고 싶었던 말이, 각자가 성인聖人의 경지에 이를 것을 기약하도록 뜻을 세워야 한다는 것이었음은 얼마나 뜻 깊은 일인가!

　　성인은 범인凡人과 다르고 범인이 결코 도달할 수 없는 경지의 사람이라는 것이 우리들 보통 사람들의 생각이다. 이런 생각을 율곡은 단호하게 거부한다. 율곡은 그 이유를 다음과 같이 말한다: 무릇 중인衆人과 성인은 그 본성에서 차이가 나는 것이 아니다. 비록 기질이 맑고 흐리고 순수하고 잡박한 차이는 없을 수 없으나, 진실로 능히 참되게 알고 실천하며, 때 묻은 바舊染를 버리고 원래의 본성性初을 회복한다면 털끝만큼도 보태지 않아도 온갖 선善이 두루 갖추어질 것이다. 중인이 어찌 성인과 똑같이 될 것을 스스로 기약하지 않겠는가! 그러기에 맹자는 성선性善을 말할 때, 반드시 요순堯舜을 칭하면서 우리들 누구라도 요순과 같아질 수 있다고 주장하였다.

　율곡이 강조하는 것은, 인간에게 성인이 될 수 있는 요소들을 이미 갖추어져 있으니 성인의 경지에 이르지 못하는 것은 '하지 않는 것'이지 '하지 못하는 것'은 아니라는 점이다. 인간의 본성은 누구나 다 같다, 그리고 그것은 선善하다. 그리고 옛사람과 지금 사람, 현명한 자와 어리석은 자의 차이가 없다. 그렇기 때문에 내가 성인을 기약하지 못할 이유가 없다. 성인은 어찌 홀로 성인이고 나는 어찌 그저 중인인가? 그 이유는 단지 나의 뜻이 서지 아니하고志不立,

앎이 밝지 않고知不明, 실천이 독실하지 않기行不篤 때문이다. 그런데 뜻을 세움과 밝게 앎과 독실하게 실천함이 모두 '나'에게 있는 것이기 때문에 그것을 다른 데서 구해서는 아니 된다. 안연顏淵, 회回은 "순舜은 어떤 사람이며, 나는 어떤 사람인가? 노력하는 이는 마땅히 저舜와 같아야 한다舜何人也? 予何人也? 有爲者亦若是"고 하지 않았던가. 율곡은, 학문에 뜻을 둔 사람은 요순堯舜과 같아지려는 맹자, 또는 안연을 본받아야 한다고 말했다.

인간에게는 타고난 바의 한계를 넘어설 수 없는 것과, 타고난 바의 제약을 받지 않는 것이 있다. 타고난 바의 한계를 넘어설 수 없는 것에는 용모의 미추美醜, 근력筋力의 강약强弱, 신장身長의 장단長短 등이 있다. 이는 이미 정해진 것[이정지분已定之分]으로 고칠 수 없다. 그런데 마음과 뜻에 관한 한 그러한 제약이 없다. 그래서 어리석음愚이 지혜智로, 불초不肖가 현명함賢으로 변화할 수 있으니 이는 인간의 마음이 허령虛靈(잡념이 없이 마음이 영묘靈妙함)하여 타고난 바[품수稟受]의 제약을 받지 않기 때문이다. 인생에서 아름답고 귀한 것은 지혜로움과 현명함이니, 스스로 지혜로움과 현명함을 택하지 않는 것은 타고난 본성을 훼손하는 것이다. 이러한 뜻을 견지堅持하여 굳건히 물러서지 않으면 도道에 가까워질 수 있다.

일단 학문에 뜻을 두고, 뜻을 세웠다면 즉시 공부를 시작하고 뜻한 바를 실천해야 한다. 우물쭈물하고 내일로 미루고 다른 사람의 눈치나 살피는 것은 참다운 향학向學의 성의誠意가 없기 때문이다. 『논어論語』에 "인仁을 행함이 '나'로 말미암는 것이지爲仁由己, '남'에게서 오는 것이겠는가?"라고 하지 않았는가! 그러므로 입지立志에서 중요한 것은 즉시 공부를 시작하여, 자신이 애써 노력해도 목적한 바에 이르지 못할 것을 두려워하면서도猶恐不及, 마음을 굳게 먹고 물러서지 않는 것이다. 뜻이 참되고 독실하지 않아서, 그저 범범泛泛(꼼꼼하지 않고 데면데면함)하게 지금까지 해온 대로, 남들 하는 대로, 세월만 보낸다면 한 세상 다 가도록 어떤 성취도 없을 것이다.

이 장을 읽으면서 우리는 율곡이 말한 '입지'라는 개념과 그의 글 속에 내포하고 있는 인간관과 인생관에 대해서 생각해 볼 필요가 있다.

먼저 '입지'를 생각해 보자. 율곡이 말한 입지는 무엇인가?

그는 왜 그것을 그다지도 중요시하여 서술의 첫머리에 내세웠는가? 율곡이 말한 입지는 『논어』에 나오는 '지우학志于學'으로 볼 수 있다「논어」, 「위정爲政」. 곧 학문에 뜻을 둔다는 의미다. 학문이란 무엇인가? 율곡은 학문을 '일상생활에서 그 마땅함을 따르는 것日用動靜之間, 隨事各得其當而已'이라고 정의했으니 「격몽요결」, 「서문」, 우리는 학문을 통해서 우리가 가야 할 길, 곧 도道에 도달하는 것이고, 학문의 궁극적인 목표는 성인과 같아지는 것이다. 입지는 학문의 길로, 도를 탐구하는 길로, 성인과 같아지는 길로 삶의 방향을 설정하는 것이다. 그러므로 학문의 길에 들어서려는 자는 먼저 뜻을 세워야 한다.

율곡은 「성학집요聖學輯要」에서 다음과 같이 말했다: "학문은 입지보다 앞서는 것이 없으니, 뜻이 서지 않고서志不立 능히 공功을 이룬 자는 없다." 그는 「학교모범學校模範」에서도, 배우는 사람은 먼저, 반드시 뜻을 세워야立志 한다는 것을 강조한 바 있다.

다음 율곡의 인간관과 인생관에 대해서 생각해 보자: 율곡은 만인의 본성은 동일해서 성인과 범인凡人, 곧 중인衆人의 차이가 없으며, 인간의 본성에는 중선衆善이 다 갖추어져 있기 때문에 누구에게나 성인이 될 바탕이 마련되어 있다는 인간관을 제시했는데 이는 선진유학 및 성리학의 인간관의 핵심이다. 율곡은 맹자가 늘 요순을 말하고, 안연이 순舜과 같아지기를 희구希求했다는 점을 중시했다「맹자孟子」, 「등문공장구滕文公章句」上. 율곡은 맹자와, 그 이후 성리학자의 인간관을 이어받았다. 모든 인간은 ―기질 차이가 엄연히 존재함에도 불구하고― 스스로 성인을 기약할 수 있는 고귀한 존재인 것이다. 율곡에 의하면 모든 인간은 氣(기)의 바르고 통通한 것을 받았는데 다만 그 맑고 탁하고 순수하고 잡박雜駁한 면에서 차이가 있다. 그렇지만 만물 가운데 오직 인간만이 그 氣를 변화시켜, 탁하고 잡박한 氣를 맑고 순수한 氣로 바꾸어 본연의 氣를 회복할 수 있다. 성인과 중인을 비교해 보면, 성인은 지극히 바르고 맑고 순수한 氣를 얻은 자이고, 중인은 그렇지 못하여 다소간에 흐리고 막히고 잡박한 氣를 가진 자이지만, 그럼에도 불구하고 성인과 중인의 본성이 서로 다른 것이 아니며, 인간의 노력에 의해 탁하고 잡박한 氣를 없애고 성인과 같이 맑고 순수한 氣를 가질 수 있다. 인간의 마음은 "허령통철虛靈洞徹(마음이 신령하여 막힘없이 환하게 통함)하고 만 가지 이치理가 구비되어 있는지라, 탁한 것이 가히 변해서 맑은 것이 될 수 있고, 잡박한 것이 가히 변해서 순수한 것이 될 수 있다. 그러므로 수위修爲(수양을 통해서 이루어 냄)의 공功은 오직 사람에게만 있다「답성호원答成浩原」.

여기서 율곡이 강조한 것은 인간은 누구나 성인이 될 수 있으므로 반드시 스스로 성인이 될 것을 기약해야 한다는 것이다. 성인은 신묘불측神妙不測하여 보통 사람이 도저히 미치지 못할 것 같지만 진실로 공부를 쌓아 가면 이르지 못할 바가 없다. 이는 율곡이 「성학집요」에서 "사람들이 하려고 들지 않는 것을 걱정할 것이지, 능력이 없는 것을 병으로 걱정할 것이 아니다人患不爲 不患不能"라고 말한 것과 같은 맥락이다.

여기에서 볼 수 있는 율곡의 인생관은 "반드시 성인을 기약할 것이며, 추호라도 자신을 작게 여기고, (자신은 하지 못한다고) 물러날 생각을 해서는 아니 된다"는 구절에서 드러난다. 율곡은 일찍부터 성인으로써 자신의 표준을 삼고, 스스로가 성인과 같아지기를 기약했다. 그가 20세 때 지은 '자경문自警文' ─자기 자신을 경계하는 글─ 은 다음 글로 시작된

다: "먼저 모름지기 그 뜻을 크게 해서 성인으로써 준칙準則을 삼을 것이니 털끝 하나만큼이라도 성인에 미치지 못하면 나의 일은 끝나지 않은 것이다." 그가 『격몽요결』에서 제기한, "성인은 어찌하여 홀로 성인이 되고 나는 어찌하여 홀로 중인이 되는가?"라는 물음은 율곡 스스로가 일찍부터 자기 자신에게 묻고, 극복하려 한 것임이 틀림없다. 율곡은 우리가 만 가지 선善을 갖춘 본성을 품수稟受했고, 기질에 얽매이지 않고 지智와 현賢으로 갈 수 있는 능력이 있는데도 그것을 실천하지 않는 것은 인생 낭비라고 본 것 같다. 그렇게 해서 낡은 습관을 벗어나지 못한 채 눈앞의 안일만을 도모하여 시간을 보내면 아무 성취도 없이 인생을 마감하게 되는 것이다.

제2장

혁구습革舊習

율곡은 『격몽요결』 제1장(「입지」)에서 학문에 나아가려는 사람初學들에게 뜻을 크게 세우되, 반드시 성인과 같아질 것을 기약하라고 말하고, 범인凡人, 곧 중인衆人이 성인이 되지 못할 아무런 이유도 없음을 피력했다. 그런데 과연 뜻을 높고 크게 세우면 별 탈 없이 성인의 경지에 갈 수 있으며, 율곡이 말하는 수준에 도달할 수 있을까?

『격몽요결』 제2장 「혁구습」에서 율곡은, 우리가 일단 큰 뜻을 세우더라도 그것을 실현하기 어려운 장애 요소들을 열거하였다. 그 장애요소들을 율곡은 '구습舊習'(몸에 밴 낡은 습관)이라고 불렀다. 이는 되는대로, 그전에 해온 방식대로 살

아가는 인순고식因循姑息하고 구태의연舊態依然한 생활태도이
다. 율곡의 표현으로는, "사람이 비록 학문에 뜻을 두어도
능히 용맹하게 곧바로 전진하여 성취를 이룰 수 없음은 구
습이 이를 방해하기 때문이다." 만약 마음을 굳게 먹고 이
구습들을 완벽히 도려내지 않으면 학문을 할 바탕이 없을
것이라고 율곡은 말했다.

율곡이 조목조목 나열한 구습들은 다음과 같다.

첫째, 게으름에 빠져 안일만 추구하고 구속되기를 싫어하
는 것. 우리가 사회의 양식良識 있는 구성원으로 살아가기 위
해서는 책임과 예절 등에 매이기 마련인데 그러한 구속을
받아들이지 못한다는 뜻이다.

둘째, 몸을 항상 움직이고 출입이 분분하며 또한 입을 가
만히 두지 못하는 것 —결코 마음을 가다듬고 고요함을 지
킬 수守靜 없다.

셋째, 남과 다르면 큰일 나는 것으로 생각하고 세속 관습
에 매인다. 더러 구습을 고쳐 볼까 하다가도 무리와 차이 나
는 것이 두려워 금방 원점으로 되돌아온다.

넷째, 글솜씨로 명예를 얻고자 하여 경전經典을 표절해서

글을 꾸며 댄다.

다섯째, 글씨 쓰기筆札에 공들이고, 악기 연주와 술 마시기를 일삼아, 놀면서 세월 보내고, 이를 스스로 우아한 취미淸致라고 일컫는 것.

여섯째, 한가한 사람들과 바둑·장기로 시간 보내고, 종일 배불리 먹는 것으로 경쟁하는 것.

일곱째, 부귀를 선망하고 빈천을 미워하여 초라한 옷과 부실한 음식惡衣惡食을 깊이 부끄러워하는 것.

여덟째, 즐기고자 하는 욕망이 끝이 없어 이를 이기지 못하고, 돈벌이와 음악과 여색女色을 달콤하게 여기는 것.

율곡은 마음을 해치는 것들을 일일이 다 말할 수는 없지만, 그중 중요한 것들은 앞에 열거한 것들이라고 하면서, 이러한 구습들로 인해서 뜻이 견고하지 않고, 실천(행동)이 독실하지 않고, 오늘의 행동을 내일 고치지 못하고, 아침에 후회한 일을 저녁 때 다시 하게 된다고 지적했다. 이에 우리가 할 일은, 크게 용기를 내서 그 구습들을 뿌리까지 끊어 버리고 마음을 깨끗이 닦아 구습의 싹苗脈조차 남기지 않은 후, 계속해서 맹렬히 반성하여 마음이 구습으로 인해 오염되지 않게 하는 것이며, 그런 후에야 학문으로 나아가는 길을 논할 수 있다고 가르쳤다.

맹자는 "사람이 '아니 함不爲'이 있은 연후 '함爲'이 있다"고 하였다『맹자』「이루離婁」下. 이 장에서 율곡은 학문을 하기 위해서 하지 않아야 할 것들을 열거한 것이다. 율곡은 초학들에게 외물外物의 유혹에 빠지지 않고 마음을 다잡을 것을 강력히 요구했다. 악기연주, 술 마시기, 바둑·장기, 음악, 여색女色, 여러 기호품들, 이런 것들에 빠지면 학문에 나아갈 수 없다. 그 밖에도 율곡은 인생을 대하는 태도를 논했다. 게으름에 빠져서 안일을 추구해서는 학문의 진전이 없을 것은 정한 이치이다. 또한 율곡은 몸을 끊임없이 움직이고 떠드는 것이 마음공부에 해害가 됨을 곳곳에서 지적했다. 조용함을 지킬 줄 알아야 한다는 것이다守靜. 그가 자신의 수양을 위해서 쓴 「자경문自警文」의 시작은 성인을 준칙으로 삼아 그 뜻을 크게 갖는다는 것이었으며 그 다음에 말한 것이 말을 적게 하는 것, 말을 간결하게 하는 것이었으니 그가 무분별하게 떠드는 것을 마음 수양의 큰 적으로 생각했다는 것을 쉽게 알 수 있다. 「자경문」의 표현은 이러하다: "마음이 안정

된 자는 말이 적은 법이니, 마음의 안정은 말을 적게 하는 데서 시작된다." "때가 되었을 때만 말하니 말이 간결하지 않을 수 없다."

율곡이 지적한바, 우리가 버려야 할 것의 일곱 번째 항목은 부귀를 부러워하고 빈천을 미워하여 악의악식惡衣惡食(초라한 옷과 부실한 음식)을 부끄러움으로 삼는 것이다. 이 역시 전통적인 유가사상을 반영한다. 공자는 선비가 도道에 뜻을 두고서도 악의악식을 부끄러워한다면 이는 더불어 이야기할 바가 못 된다고 언명했고, 스스로 "거친 밥을 먹고 맹물을 마시며 팔베개를 하고 눕더라도 그 속에 즐거움이 있다"고 하였으며, 다른 사람 같으면 견디기 어려웠을 가난 속에서도 즐거움을 찾는 제자 안연을 매우 칭찬하였다. 유자儒者에게 재물은 삶을 이어 나가기 위한 수단이지 최고/최종의 가치는 아닌 것이다.

율곡은 학문에 뜻을 둔 자는 남 다른 데가 있어야 하고 남과 달라지는 것을 꺼리지 않아야 한다고 생각했다. 남과 달라지는 것을 견디지 못하고 세속 시류時流만을 따른다면 결코 학문을 이룰 수 없다는 뜻이다. 율곡에 따르면 남과 같음을 기뻐하고 남과 달라지는 것을 싫어하는 것도 경계할 일이다.

유학에는 두 가지 同(동, 같음)이 있다. '대동大同'사상의 同은 매우 거시적인 의미에서 천하가 하나 되는 긍정적인 의미를 가진다. 『주역』천화天火 '同人(동인)' 괘卦는 同의 여러 단계를 말해 준다. 반면 『논어』에 언급된 '화이부동和而不同'의 同은 '大同'의 同과는 대조적으로, 당파심黨派心을 가리키는 말로 쓰였다. 율곡이 "남과 같음을 기뻐하고 남과 달라지는 것을 싫어한다"는 뜻으로 '희동오이喜同惡異'라는 말을 썼는데 여기서 물론 그는 물론 同을 긍정적인 뜻으로 쓰지 않았다. 세간의 풍속과 행동방식만 따르고 그것을 넘어서지 않으면 학문이 이루어질 수 없다. 그러고서야 어떻게 성인을 기약하랴!

곧 율곡은 (삶의 어느 측면에서는) 남과 달라지는 것을 두려워하지 않아야 하며, 남과 달라질 필요가 있다고 말한 것이다. 『주역』화택火澤 '睽'(규)는 차이(다름)를 말해 주는 괘卦이다. 그런데 『주역』의 睽(규)괘가 강조하는 것은 영원히 공통점을 찾아볼 수 없는 차이가 아니다. "천지가 차이가 나지만 그 일은 같고, 남녀가 차이가 나지만 그 뜻은 통하고, 만물이 차이가 나지만 그 일은 비슷하다. 그럼으로 睽의 때時와 쓰임用이 크다"라고 睽괘 단사彖辭는 전한다. 睽괘의 관점에서는 율곡이 강조하는 것이, 같음이 없는 차이가 아니다. 같음에도 차이를 두고, 다름에도 같음을 찾는 것이 율곡의 '달라짐'의 철학일 것이다. 이러한 철학을 『주역』 睽괘의 상사象辭에서는 '同而異(동이이: 같으면서도 다름)'이라고 했다. 정이천程伊川, 이頤은 자신의 『역전易傳』에서, 睽괘의 모습이 불火이 위에 있고 못澤이 아래에 있어서 괴리하고 흩어짐을 보여주지만, 군자는 이 모습을 보고, '크게 같음大同'의 안에서 마땅히 달라야 할 바를 안다고 하였다. 곧, 인간세상의 떳떳한 강상綱常에 관해서는 크게 같음에 해당되지 않는 바가 없지만, 세속 사람들이 똑같이 하는 행동과 생각에 관해서는 때로 홀로 다른 점이 있어야 한다는 것이다. 모름지기 세상의 윤리 도덕[병이秉彛]에 관해서는 (세상과) 같아져야 하지만 세속의 과실過失에 관해서는 달라져야 한다. 대동에 이르지 못하는 사람은 강상과 도리를 어지럽히는 자이며, 홀로 달라질 수 없는 사람은 세속을 따르고 잘못에 길든 사람隨俗習非之

ㅅ일 뿐이다. 이천伊川은 이와 관련해서 중요한 것은 남과 같으면서도 능히 달라질 수 있는 능력同而能異이라 하면서, 이것이 『중용』에서 일컫은 '화이불류和而不流'(남과 조화를 이루되 휩쓸리지 않음)라 하였으니, 이것이 율곡이 남과 같음을 기뻐하고 남과 달라지는 것을 싫어하는 것을 경계한 맥락이다.

율곡이 금지(!)한 것은 우리의 기준으로 볼 때 꼭 해서는 안 될 일들만은 아니다. 이를테면 멋진 글로써 명예를 얻고, 경전을 인용해서 문장을 수식하는 일은 사실 선비들이 즐겨해오던 일이다. 또 글씨 쓰기에 공들인다거나 악기와 술로 풍류를 즐기는 것이 무엇이 그리 나쁜 일인가? 율곡은 아마도 학문하는 사람의 시간과 정력에 한계가 있으므로, 이보다는 더 시급하고 본질적인 문제를 탐구하는 데 몰두할 것과, 비본질적인 것을 쫓는 데 인생을 낭비하지 않을 것을 권한 듯하다.

율곡이 말한 다섯 번째 구습에 대해서 생각해 보자: "글씨 쓰기에 공들이고, 악기 연주와 술 마시기를 일삼아, 놀면서 세월 보내고 스스로 우아한 취미라고 일컫는 것工於筆札, 業於琴酒, 優游卒世, 自謂淸致." 이 말은 반드시 음악과 술을 멀리하라는 말은 아니다. 그것에 빠지지 말고 그것을 업業으로 삼지 말라는 말이다.

사실 음악과 시를 모른다면 그는 진정한 유자儒者가 아니다. 공자는 예에 서고立於禮, 덕에 의거하고據於德, 음악에서 이룬다成於樂라고 하지 않았던가. 그리고 시를 모르는 사람은 벽을 쳐다보고 있는 것과 같다고 가르치지 않았던가. 그러므로 음악과 시를 모르는 유자는 생각하기 어렵다. 단지, 흔한 유가의 논리대로 낙이불음樂而不淫(즐기되 지나치지 않는 것)의 수준은 지켜야 한다. 술도 그렇다. 친족/친구와 회포를 풀고 담소하면서 마시는 술이 무엇이 나쁘랴. 단지 술 마시는 것을 과도하게 해서 그것을 자신의 업으로 삼는다면 선비로서/학자로서 갈 길에 큰 장애물이 생기는 셈이다.

율곡은 일찍이 술독을 놓고 친구를 기다리는 심정을 읊은 적이 있으니, 그도 친구와 술잔을 앞에 놓고 풍광을 즐기며 담소하는 풍류를 몰랐던 것이 아니다.

일곡一曲은 어데메오 관암冠巖에 해비췬다

평무平蕪에 내걷으니 원산遠山이 그림이로다

송간松間에 녹준綠樽을 놓고 벗오는 양 보노라.

—「고산구곡가高山九曲歌」관암冠巖*

산 앞에 술 얻어 산 빛 마시니	山前得酒飮山光
새 울고 꽃 예쁜 봄낮 길어라	鳥碎花妍春晝長
무한한 이별시름 오늘 없으니	無限別愁今日散
솔바람 소리 귓속 피리보다 낫구나…	松風吹耳勝簫簧…

—「증심경혼贈沈景混」

　　율곡 「행장行狀」은 율곡이 아우瑀의 거문고琴 연주를 즐겼음을 전한다: "명절 때나 좋은 날에 술과 음식이 생기면 아우에게 거문고를 타라 하고, 젊은이·어른에게 노래로 화답하게 하여 즐거움이 극한 후에 파했다."

---

* 여기서 '내煙'란 연기/아지랑이. 송시열宋時烈의 漢譯으로는, 平蕪煙斂後 遠山眞如畵.
　녹준綠樽이란 푸른빛의 술병이라는 뜻.

제3장
지신持身

율곡이 『격몽요결』 「혁구습革舊習」 장에서 학자가 멀리해야 할 일들과 버려야 할 태도를 언급했다면, 제3장인 「지신持身」에서는 해야 할 행동과 가져야 할 태도를 말했다. 학문하는 사람은 충신忠信(충직하고 신의 있음)으로써 마음의 기초를 삼아야 하며, 언제나 정대正大한 모습을 보이고, 언어 또한 신중해야 한다. 율곡은 초학들에게 결코 쉽지 않은 덕목과 태도인 구용九容과 구사九思를 강조하고, 공자가 수제자인 안연에게 가르친 최고의 덕목을 실천할 것을 요구하였으며 생각함에 거짓됨이 없고思無邪, 공경하지 않음이 없음無不敬을 강조했다. 율곡이 학문하는 사람에게 요구한 태도와 행동은, 공경하는 마음으로 근본을 세우고居敬以立其本, 이치를 탐구함으로써 선에 밝고窮理以明乎善, 힘써 행함으로써 실천하는 것力行以踐其實이었으니, 그는 이 세 가지 일은 학자가 평생 해야 할 사업임을 강조했다.

먼저 율곡은 학문하는 자는 모름지기 성실한 마음가짐으로 정진할 것이며, 세속의 잡다한 일로 그 뜻을 어지럽히면 안 된다는 점을 강조했다. 그래야 학문을 할 바탕이 생긴다는 것이다. 세속의 일로 그 뜻을 어지럽혀서는 안 된다不以世俗雜事亂其志는 말은, 이 장의 후반부에 나오는 다음 구절과 뜻이 통한다: ―"학문을 하는 자는 외물外物에게 져서는 아니 된다不可爲外物所勝." 뇌물의 유혹에 빠진 관리가 청렴의 길을 갈 수 없듯이, 외물의 유혹에 빠진 선비는 그 학문을 이룰 수 없다.

율곡은 학문하는 사람의 마음가짐으로 충신忠信을 강조한다. 충신의 마음이 없으면 어떤 경우에도 내실을 기대할 수 없다. 율곡은 좋지 않은 일은 하기 쉽고, 좋은 일은 하기 어려움을 지적한다. 그러므로 반드시 충신으로써 마음의 중심을 삼아 용맹정진하는 것만이 성취를 기대할 수 있는 길이다.

  학문하는 이의 행동거지와 마음가짐은 어떠해야 할까? (아침에 일찍 일어나고 저녁에 늦게 자는 등) 시간을 아껴야 한다. 의관은 바르게, 얼굴은 엄숙하게, 앉으나 서나 온화하고 부드러운 모습을 보여야 하며, 말은 신중하게 하고, 쉼과 움직임—動—靜에 경솔함과 함부로 함이 없어야 한다.

  율곡은 『예기禮記』「옥조편玉藻篇」에서 따온 '구용'과 『논어』에서 따온 '구사'를 학문하는 태도의 기본으로 삼았다. "심신을 수렴함은 구용처럼 절실한 것이 없고, 학문에 나아가 지혜를 더함에는 구사처럼 절실한 것이 없다." 구용이란 학문하는 이가 갖추어야 할 자세와 외관을 말하는 것으로 그 내용은 다음과 같다.

  1) 족용중足容重: 발 모양은 무겁게 한다. 곧 가볍게 촐랑대지 않는다. 율곡은 주註를 달기를, 어른 앞에서 걸을 때는 이에 해당되지 않는다고 하였다.

  2) 수용공手容恭: 손의 모양은 공손해야 한다. 율곡의 주에 따르면, 손을 게을리 하지 않되, 일이 없을 때는 단정하게 한데 모으고, 망령되게 움직이지 않는다.

3) 목용단目容端: 눈 모양은 단정해야 한다. 곧 (율곡의 주에 따르면) 눈동자는 안정되어 있어야 하며, 시선은 반듯해야 한다. 흘겨보거나 훔쳐보아서는 안 된다.

4) 구용지口容止: 입 모습은 그친 듯해야 한다. 언어와 음식을 위해서 필요한 경우가 아니면 입 모양은 그쳐 있어야 한다.

5) 성용정聲容靜: 형기形氣를 가다듬어, 딸꾹질, 트림 같은 잡성雜聲을 내어서는 안 된다.

6) 두용직頭容直: 머리는 바르게, 몸은 곧게 할 것이니, 자세를 갸우뚱하게 가져서는 안 된다.

7) 기용숙氣容肅: 율곡의 주에 따르면, 여기서 기氣는 호흡, 곧 들숨과 날숨이다. 숨소리는 고요하고, 잡스러운 소리가 있어서는 안 된다.

8) 입용덕立容德: 서 있는 모습은 덕이 있어 보여야 한다. 그러려면, 치우치지 않고 의연해야 한다.

9) 색용장色容莊: 여기서 색은 얼굴빛이다. 얼굴빛을 단정히 하고 태만한 모습으로 보여서는 안 된다.

구용의 容(용)이 주로 겉모습을 뜻한다면, 구사의 思(사)는 주로 내면적인 생각을 가리킨다. 율곡이, "학문에 나아가 지혜를 더함에는 이보다 더 절실한 것은 없다"고 한 구사는 원래 『논어』「계씨季氏」편에 나오는 말이다: "군자는 아홉 가지 생각해야 할 것九思이 있다: 보는 것은 밝음을 생각하고視思明(밝게 분명하게 보아야 한다는 것), 듣는 것은 총명함을 생각하고聽思聰(정확하게 들어야 한다는 것), 안색은 온화함을 생각하고色思溫(얼굴빛을 온화하게 가져야 한다는 것), 용모는 공손함을 생각하고貌思恭(타인에 대해서 겸손하고 공경스러워야 한다는 것), 말하기는 충실할 것을 생각하며言思忠, 일을 함에 공경스러울 것을 생각하고事思敬, 의문이 생길 때는 물을 것을 생각하고疑思問, 분노할 때는 (닥쳐올) 어려움을 생각하고忿思難, 이익이 생기면 그것이 옳은 것인지를 생각한다見得思義." 이러한 공자의 가르침을 율곡은 다음과 같이 풀이했다.

1) 시사명視思明: 보는 데 가려지는 바가 없으면視無所蔽, 밝게 보고, 못 보는 것이 없다.

2) 청사총聽思聰: 듣는 데 막힌 바가 없으면聽無所壅, 밝게 듣고, 못 듣는 것이 없다.

3) 색사온色思溫: 얼굴빛은 온화하고 부드럽게 가지되, 화난 기상氣像이 없어야 한다.

4) 모사공貌思恭: 일신一身의 겉모습이 단정해야 하고, 장중함이 없는 곳이 있어서는 안 된다.

5) 언사충言思忠: 말하는 한마디, 한마디가 모두 진실하고 믿음직해야忠信 한다.

6) 사사경事思敬: 일함에 공경스러워야 하고, 신중하지 아니함이 없어야 한다.

7) 의사문疑思問: 마음속에 의심나는 것이 있으면, 그 방면의 선각자에게 가서 자세히 물을 것이며, 모르는 상태로 그냥 넘어가지 않는다.

8) 분사난忿思難: 분노의 마음을 징계하되, 이치를 따져 스스로 이겨낸다.

9) 견득사의見得思義: 재물을 얻을 기회가 생기면 의리義와 이익利의 구분을 밝혀 그것이 의리義에 합당한 경우에만 취한다.

율곡은 구용과 구사를 수신修身의 요체로 매우 중시했다.

50

이를 늘 마음속에 간직하여, 자신의 몸가짐을 단속하는 기준으로 삼고, 잠시라도 잊어서는 안 된다고 그는 가르쳤다. 율곡은 학문에 뜻을 둔 사람들에게 이 항목들을 벽에 써 붙이고 수시로 쳐다볼 것을 권장했다.

그리고 그는, 공자가 제자였던 안연에게 가르친 내용을 실천할 것을 요구했다. 안연은 공자의 으뜸가는 제자였으므로 공자가 그에게 가르친 내용도 최고수준의 덕목이었다. 율곡이 「입지立志」에서 학생들에게 성인을 기준으로 삼고, 성인과 같아질 것을 기약하라고 가르쳤음에 비추어 그들에게 최고수준의 덕목을 실천할 것을 요구한 것은 오히려 당연한 일이다.

『논어』 「안연」편에는 다음과 같은 대화가 기록되어 있다:

안연이 仁(인)을 물었다.

선생님孔子께서 말씀하시기를: "자신을 이기고 禮(예)로 돌아가는 것이 仁을 행하는 것이니라克己復禮爲仁."

… 안연이 여쭙기를, "실천해야 할 항목은요?"

선생님께서 말씀하시기를, "禮가 아니면 보지 말고, 禮가 아

니면 듣지 말고, 禮가 아니면 말하지 말고, 禮가 아니면 행하
지 않을 것이니라."

바로 이 대목, "禮가 아니면 보지 말고, 禮가 아니면 듣지
말고, 禮가 아니면 말하지 말고, 禮가 아니면 행하지 않을
것非禮勿視, 非禮勿聽, 非禮勿言, 非禮勿動"이 율곡이 말한 '수신의 요체
修身之要'다. 율곡은 덧붙이기를, "무엇이 禮에 합당하고 어떤
것이 아닌지는 초학이 쉽게 분변할 수 있는 바가 아니지만,
이미 알고 있는 것을 힘써 실천하면, 생각이 절반은 넘어설
것이다思過半矣"라고 하였다.

율곡은 경제와 부富에 대해서 선비가 가져야 할 태도를 말
한다. 최대한의 부와 최대한의 이윤을 추구하는, 탐욕적인
현대 자본주의의 화신化身과는 정반대로 율곡은 최소한의
물질적 편익만을 추구할 것을 권했다: "의복은 화려하고 사
치스러워서는 안 되고, 다만 추위를 피하면 그만이다. 음식
은 달고 맛있어야 하는 것이 아니라 굶주림을 면하면 된다.
거처는 편안하고 넉넉해야 하는 것이 아니라 병나지 않을
정도면 된다." 반면 학문의 공功과, 마음가짐의 바름과, 위의

威儀(위엄이 있는 의용儀容, 또는 예법에 맞는 몸가짐)의 법도는 결코 스스로 만족함이 없이 끝까지 추구해야 한다.

학문에 뜻을 둔 사람에게 최고의 가치는 진리를 탐구하는 것이지, 물질적 풍요를 추구하는 것이 아니다. 그것이 유학의 뿌리 깊은 사상이다. 그러기에 공자는 "군자는 道(도)를 걱정하고 가난을 걱정하지 않는다君子憂道不憂貧"라고 하였으며 『논어』, 「위령공衛靈公」, 또한 "선비가 道에 뜻을 두고도 악의악식惡衣惡食을 부끄러워한다면 이는 더불어 의논할 만한 상대가 못 된다"라고도 하였다『논어』, 「이인里仁」. 또한 보통 사람이라면 견디기 어려운 가난 속에서도 오히려 (학문의) 즐거움을 놓지 않은 안연은 진정한 예찬의 대상이었다: "밥 한 그릇, 물 한 바가지로 초라한 집에 살면서, 남들은 그 고통을 감내하지 못하련만, 回(회, 안연顏淵)는 그 즐거움을 바꾸지 아니하니 현명하도다『논어』, 「옹야雍也」."

이제 율곡은 구체적으로 학문하는 사람의 마음가짐을 논한다. 학문하는 사람의 일상에서 가장 절실한 것이 '극기克己'이다. 극기란 무엇일까? 앞에서 우리는 공자가 수제자인 안회에게 "자신을 이기고克己 禮(예)로 돌아가는 것復禮"이 仁(인)

을 행함爲仁이라고 가르쳤음을 보았다. 한문의 '己(기)'는, 수기치인修己治人의 예에서 보듯이 '남'에 대한 '나'를 가리키는 말이지만, 성리학적인 맥락에서는 '己'를 '세속적인 욕망을 좇아 도道에서 멀어지는 경향'과 비슷한 의미로 이해한다. 율곡은 己를 "내 마음이 좋아하는 것이 천리天理에 부합하지 않는 것"이라고 간단하게 정의했다. 율곡의 예시를 따르면, 미색美色을 좋아하는 것, 이익을 좋아하는 것, 벼슬하기를 좋아하는 것, 안일을 추구하는 것, 연락을 좋아하는 것, 진기한 물건들을 좋아하는 것 등이 이에 포함된다. 이러한 것들을 좋아하는 마음을 철저히 도려내어 마음속에 그 묘맥苗脈까지도 없앤 후에야 내가 좋아하는 것들이 비로소 의리에 부합하게 되고, 극기를 실현하게 된다.

율곡은 『격몽요결』 제2장「혁구습」에서처럼 이 장에서도 말 많은 것을 경계했다. "말 많고 생각 많은 것이 마음 씀에 가장 해로운 것이니, 일이 없은즉 조용히 앉아 마음을 잘 가다듬을 것이요靜坐存心, 사람들을 대할 때는 말을 택해서 하되 간결하게 할 것이니, 말할 때가 된 다음에 말한다면 말이 간결하지 않을 수 없는 것이며, 말이 간결한 것은 도道에 가까운 것이다."

유학에서 말을 삼가고 신중하게 할 것을 강조하는 것은 그 뿌리가 있다. 우리가 말하고 음식 먹을 때 사용하는 입, 구강口腔, 턱頤을 나타내는 『주역』의 괘卦는 산뢰山雷 '頤(이)'이다. 위턱은 山처럼 멈춰 있고, 아래턱은 우레 또는 지진처럼 움직이는 형상이다. 頤괘의 상사象辭는 '신언어절음식愼言語節飮食'이니 곧 말을 삼가서 하고 음식을 절도 있게 먹는다는 것이다. 정이천程伊川, 이頤은 頤괘 형상이 뜻하는 것은 말을 삼가서 덕德을 기르고, 음식을 절도 있게 먹어서 몸을 기르는 것이라고 풀이했다.

유가의 가르침은 상당부분 옛것을 존중함에 뿌리박고 있다. 공자는 "옛것을 익힘으로써 새로운 것을 아는 것溫故而知新"을 지식탐구의 방법으로 제안했고, 스스로를 가리켜 "믿음을 가지고 옛것을 좋아하는 사람信而好古者"이라고 일컬었다. 퇴계退溪의 다음 시조時調에는 이러한 정신이 반영되어 있다.

고인古人도 날몯보고 나도 고인몯뵈

고인을 몯봐도 녀던길 알픠잇너

녀던길 알픠잇거든 아니녀고 엇뎔고

－『도산십이곡陶山十二曲』9

이 점은 율곡도 예외가 아니다. 그는 다음과 같이 『효경孝
經』의 한 구절을 인용한다. "선왕先王의 법도에 맞는 옷이 아
니면 감히 입지 아니하고, 선왕의 법도에 맞는 말이 아니면
감히 말하지 아니하며, 선왕의 덕행德行이 아니면 감히 행하
지 않는다『효경』「경대부장卿大夫章」." 율곡은 이를 평생 마음속에
새겨 두어야 할 것이라고 가르쳤다.

　율곡은 학자가 도道를 향해서 나아감에, 나 바깥의 물건들
—외물外物— 의 유혹에 굴복해서는 아니 된다고 명시했다.
이를테면, 바둑, 장기, 저포樗蒲(민속놀이의 하나. 주사위 같은 것
을 나무로 만들어 던져서 이기고 짐을 겨루던 것으로 윷과 비슷함) 등의
오락에는 눈길을 주어서도 아니 되고, 창기娼妓의 가무도 회
피해야 한다. 율곡은 마을의 모임에서 존장이 강권해서 피
하지 못할 지경이면, 몸은 비록 그곳에 있더라도 낯빛과 마
음을 가다듬어 마음을 어지럽히는 소리와 빛에 흔들림이 없

어야 한다고 가르쳤다. 그리고 술자리에서는 아주 취할 때까지 마실 것이 아니라 협흡浹洽(원래 물이 두루 적신다는 뜻이다. 여기서는 이를 '몸에 얼른하게 술기운이 젖어듦'으로 보면 됨)한 정도에서 끝낼 것을 권했다. 또 음식과 언소言笑(말소리와 웃음), 행동거지에 대해서 말했는데, 음식은 적절히 먹어야 하지 실컷 먹어서 기氣를 상傷해서는 안 된다는 것과, 언소는 간결하고 신중해야지 수다스러움이 절도를 넘어서는 안 된다는 것, 행동은 찬찬하고 자세해야 하지 거친 행동으로 위의威儀를 잃어서는 안 된다는 것을 지적했다.

우리가 일하거나 독서하지 않을 때 할 일은 무엇인가? '조용히 앉아 마음을 잘 가다듬는 것靜坐存心', 또는 '조용히 앉아 이 마음을 다잡이하는 것靜坐收斂此心'이다. 그러면 마음이 고요해서 온갖 잡념으로부터 헤어나게 되고, 의식이 깨어 있어서 혼매昏昧에 빠지지 아니하게 되는데, 이것이 (『주역』 '坤곤' 괘에 이른 바) '경이직내敬以直內'의 경지이다. 곧 공경스러운 마음으로 내 마음을 바르게 하는 것이다.

『대학大學』에 "옛날에 천하에 밝은 덕德을 밝히고자 한 사람은 먼저 그 나라를 다스리고, 그 나라를 다스리려 한 자는 먼저 집안을 다스리고, 집안을 다스리려 한 자는 먼저 자신을 수양하고, 자신을 수양하려는 자는 먼저 그 마음을 바르게 하며先正其心, 그 마음을 바르게 하려는 자는 먼저 그 뜻을 성실하게 갖는다先誠其意"라 했듯이, 유가에서는 마음을 바르게 하는 것正心을 중시한다. 율곡은 '경이직내敬以直內'에 이어서 '심신을 바르게 하는 것正心身'을 말했는데, 이 대목에서 그가 강조한 것은 '안과 밖이 같은 것表裏如一'과 '남이 안 보는 곳에서도 드러난 곳에 있는 것처럼 행동하는 것處幽如顯', 그리고 '혼자 있더라도 무리 속에 있는 것처럼 생각한다는 것處獨如衆'이다. 율곡은 이 같은 자신의 마음을 청천백일青天白日처럼 남이 알게 하라고 하였다. 이 생각은 「자경문」에도 잘 드러난다: "항상 계구근독戒懼謹獨의 의미를 마음속에 담아두고 생각하고 또 생각하기를 게을리하지 않으면 일체의 사곡邪曲한 생각이 생기지 않을 것이다. 만 가지 악惡은 모두 근독謹獨하지 않는 데서 생긴다." 여기서 계구근독이란 『중용』에 이른바 "군자는 남이 보지 않는 곳을 삼가고戒慎乎其所不睹, 남이 듣지 않는 곳을 두려워한다恐懼乎其所不聞. … 그러므로 군자는 그 홀로 있음을 삼간다慎其獨也"라는 말을 가리키는 것으로 보인다.

또 율곡은 일찍이 "단 한 가지 불의를 행하고 단 한 명의 무고無辜한 사람을 죽여서 천하를 얻을 수 있더라도 이를 하지 않는다"라는 『맹자』의 구절을 상기시킨다「맹자」, 「진심盡心」上. 이 뜻을 마음속에 잘 간직해야 한다는 것이다. 필자가 보기에는 이는 유가의 인권사상의 핵심이다. 율곡은 이 구절을 매우 중시하여, 「자경문」에서도, 「성학집요」에서도 이를 인용하였다.

여기서 율곡은 학자가 행해야 할 세 가지 일을 제시한다. 공경스러운 태도를 갖는 것居敬과 이치를 탐구하는 것窮理, 그리고 힘써 실천하는 것力行이다. 율곡의 말로는, "공경하는 마음으로 근본을 세우고居敬以立其本, 이치를 탐구함으로써 선에 밝고窮理以明乎善, 힘써 행함으로써 실천하는 것力行以踐其實, 이는 평생 행해야 할 사업이다."

"선에 밝다明乎善"는 것은 유학의 중요 개념 중의 하나이다. 우리가 무엇이 善(선)이고 무엇이 不善(불선)인지를 밝게 분변하지 못한다면明辨之, 평생 사업이 수포로 돌아갈 수도 있고, 오히려 세상을 해롭게 하는 일이 될 수도 있다. 그러므로 "善에 밝지 않고서는 자신에 대해서 성실할 수가 없다不明乎善, 不誠乎身矣. 『중용』." 그런데 善에 밝아지는 것이 저절로 되는 것이 아니다. 오직 궁리 —세상 이치를 탐구— 함으로써 善에 밝아질 수 있다窮理以明乎善.

율곡은 "생각함에 거짓됨이 없다思無邪"란 말과 "공경하지 않음이 없다無不敬"는 두 글귀는 평생 실천하더라도 다함이 없을 것이라고 하고 이를 벽에 써 붙여 두고 한 순간이라도 잊지 않을 것을 권했다. 이로써 율곡이 벽에 써 붙이라고 권한 글귀는 구용九容, 구사九思의 열여덟 항목들과, 사무사思無邪, 무불경無不敬의 두 구절이 된다. '사무사'는 『시경詩經』, 「노송魯頌」의 '경駉'이라는 시에 나오는 글귀이지만, 『논어』의 다음 구절로 더 유명하다: "시 삼백을 한마디로 말하면, 생각함에 거짓됨이 없는 것思無邪이다." '무불경無不敬'의 출처는 『예기』, 곡례曲禮이다(『예기』의 첫머리인 「곡례」는 "毋不敬, 儼若思…"라는 말로 시작된다. 예기에 나오는 '毋不敬'의 '毋'와 『격몽요결』에 나오는 '無不敬'의 '無'는 의미상의 차이가 없다).

끝으로 율곡은 말한다: 우리가 매일 스스로를 돌이켜 볼 점은 세 가지이다. 마음을 잘 간직하였는가? 학문에 진척이 있는가? 힘써 실행하였는가? 이 세 가지 일은 삶을 마치는 날까지 게을리해서는 아니 된다고 율곡은 가르쳤다.

"생각함에 거짓됨이 없는 것思無邪", "禮가 아니면 보지도, 듣지도, 말하지도, 행하지도 않는 것非禮勿視, 非禮勿聽, 非禮勿言, 非禮勿動", 그리고 '남이 안 보는 곳에서도 드러난 곳에 있는 것처럼 행동하는 것處幽如顯'이라는 이 어려운 과제를 율곡은 실천에 옮겼을까? 필자는 율곡선생은 이를 실천했으며, 그것이 율곡의 위대한 점이라고 생각한다.

그의 처신과 행동은 그와 황주기생 유지柳枝와 만남에 관한 기사에서도 드러난다. 율곡은 39세 때 10월부터 40세 3월까지 황해도 관찰사觀察使, 감사監司로 있는 동안 어린 기생 유지를 처음 보았고, 그후 47세 때 원접사遠接使로 황주黃州에 왔을 때, 그리고 둘째 누님을 뵙는 일로 다시 황주에 왔을 때, 성숙한 기녀妓女 유지를 볼 기회가 있었다(율곡의 둘째 누나尹涉의妻는 황해도 황주에 살았다). 기녀는 율곡은 흠모했으나 율곡은 그녀를 받아들이지 않았다. 기록에 의하면 율곡선생 48세 때 계미년 가을 어느 밤에 유지가 율곡의 숙소를 방문했다. 율곡은 그녀와 밤새 정담情談을 나누고, 사詞 '柳枝詞' 한 편과 시

詩 세 수를 지어 그녀에게 주었다. 율곡은 이 詞(사)에다 자신이 이 글을 쓴 연유와 배경을 적어 놓았다. 우리는 이 詞와 詩에서 율곡의 곡진曲盡한 정情과 함께 비례부동非禮不動(禮가 아니면 행동하지 않음)의 엄격함을 느낄 수 있다. 그의 詞와 함께 그 설명 글을 보기로 한다.

柳枝(유지)는 선비의 딸이다. 떨어져 황주의 기생명부에 올라 있더니, 내가 황해도 감사로 갔을 적에 여자아이로서 모시는 기녀侍妓가 되었는데, 날씬한 몸매에 곱게 단장하여 모습은 수려하고 마음은 지혜로워서, 내가 위로해주고 불쌍하게 여기기는 했으나, 처음부터 정욕의 느낌을 가진 것은 아니었다. 그 뒤에 원접사遠接使가 되어 평안도를 오고 갈 적에 柳枝는 반드시 방에 있었지만, 일찍이 하루도 서로 가까이하지 않았다.
계미년 가을 내가 해주로부터 황주로 둘째 누나를 만나러 갔을 적에도 유지와 함께 잔을 들기를 며칠간 했고, 해주로 돌아올 적에 나를 성불사까지 따라와 전송해주었다. 이미 헤어지고 나서 내가 '밤곶栗串' 강마을 에서 자는데, 밤이 되어 어떤 이가 사립문을 두드리기에 보니, 柳枝였다. 방긋 웃고 방으로 들어오기에 내가 이상히 여겨 그 까닭을 물으니 말하기를, "공公의 명망은 이 나라 사람들이 모두 사모하는데, 하물며 명색이 기방의 기생된 사람이겠습니까? 또 여색을 보고도 무심하시니, 더욱 탄복하는 바입니다. 이번 이별한 다음에는 다시 만나기를 기약하기 어려울 것 같아서 감히 멀리 왔습니다"라고 했다. 그래서 드디어 불을 밝히고 이야기를 주고받았다.

아! 기생이란 그저 남자들의 다정함이나 사랑하는 것이지, 사모할 만한 의리가 있는 줄을 누가 알겠는가! 또 사랑을 받지 못한 것을 수치로 알지 않고 오히려 감복한다는 것은 더욱이 어려운 일이다. 안타깝도다! 여자로서 천한 종으로 어렵게 살아가는구나! 또 지나는 손님들이 내가 사사로이 잠자리를 하지 않았나 의심하여 돌아보는 사람이 없다면 나라의 뛰어난

---

* 밤곶栗串 강마을江村은 황해도 재령載寧 고을에서 약 60리 북쪽에 있는 율관진栗串津을 말함이다.

미인이 더욱 아까울 것이다. 그래서 드디어 詞를 지어 사실을
서술하니, 감정에서 발로되어 예의에 그친 뜻發乎情, 止乎禮義之意
을 보는 사람이 상세히 살펴보라.

여인이여, 황해사람이로다	若有人兮海之西
맑은 기운 모았네, 선녀의 자태로다	鐘淑氣兮稟仙姿
곱기도 해라, 마음씨와 태도여	綽約兮意態
맑기도 해라, 얼굴과 말소리여.	瑩婉兮色辭

………

고요한 절에서 수레 머물고	駐余車兮蕭寺
강둑에서 말을 먹이네	秣余馬兮江湄
어찌 알았으랴, 어여쁜 이가 멀리 따라와	豈料粲者兮遠追
문득 밤이 되자 사립문 두드릴 줄을	忽入夜兮扣扉

………

문을 닫으면 인仁을 상하고	閉門兮傷仁
함께 잔다면 의義를 해칠 것	同寢兮害義
병풍일랑 걷어치우고	撤去兮屛障
침상도 달리 이불도 달리	異牀兮異被

생각은 한이 없고 일은 어긋나　　　　　思未畢兮事乖

밤이 새도록 불을 밝히네　　　　　　　夜達曙兮明燭

어이 하늘을 속일 손가　　　　　　　　天君兮不欺

깊은 방조차 밝게 보시니　　　　　　　赫臨兮幽室

영원히 함께할 좋은 기약 잃고서　　　　失氷泮之佳期

차마 상종하여 담에 구멍을 뚫겠는가　　忍相從兮鑽穴

날이 밝도록 잠들지 못하고　　　　　　明發兮不寐

한이 가득하구나, 이별에 임하여.　　　　恨盈盈兮臨岐

하늘에 바람 불고 바다엔 물결　　　　　天風兮海濤

노래 한 곡 부르니 처량도 할 사　　　　歌一曲兮悽悲

본디 이 마음은 맑고 깨끗해　　　　　　繄本心兮皎潔

가을 강의 찬 달이라네　　　　　　　　湛秋江之寒月

마음의 어지러움은 구름과 같아　　　　心兵起兮如雲

여색을 보면 가장 더럽혀지네　　　　　最受穢於見色

남자의 욕망 본디 그르고　　　　　　　士之耽兮固非

여인의 욕망 더욱 미혹돼　　　　　　　女之耽兮尤惑

보는 것을 회복해서 근원을 맑게　　　　宜收視兮澄源

처음을 회복해서 청명히 하리　　　　　復厥初兮淸明

내생이 있다는 게 거짓 아니면　　　　　　　倘三生兮不虛

죽은 뒤 부용성芙蓉城에서 너를 만나리.

逝將遇爾於芙蓉之城[*]

---

[*] 이 詞와 글은 이화대학 박물관에 소장되어 있다. 다음과 같은 서명이 곁들여
　져 있다: "癸未 九秋 念八日 栗谷病夫 書于栗串江村 계미년 가을 9월 28일 병
　든 사람 율곡이 밤곶 강마을에서 쓰다." 한 인간, 한 남자로서 율곡의 고뇌와
　서글픔이 절절하다.

제4장
독서 讀書

이 장章에서 율곡은 독서의 의의, 방법, 내용 등에 대해서 밝히고 있다.

율곡은 앞 장에서 궁리窮理, 명선明善을 밝힌 바 있다. "궁리함으로써 선善에 밝음窮理以明乎善"은 평생 행해야 할 사업 중의 하나임을 율곡은 「지신持身」에서 밝혔다. 이 장 (독서) 모두冒頭에서 율곡은 말하기를, 우리가 이 마음을 잘 간직하면存心, '외물外物이 이기는 바外物所勝', 곧 외물에게 지는 바가 되지 않을 것이며, 궁리를 통하여 선에 밝게 된 후 가야 할 길當行之道이 명확히 내 앞에 드러나게 되는 것이니, 그러므로, "도道에 입문하는 데는 궁리보다 앞서는 것이 없다." 그런데 이 대목에서 중요한 것은 궁리에는 독서보다 앞서는 것이 없다는 점이다. 그 이유는 성현聖賢이 마음 쓴 흔적과, 선악善惡의 본받을 만한 것과 경계할 만한 것이 모두 책에 있기 때문이다.

독서의 방법으로 율곡은 정독精讀을 권하고, 독서한 내용을 실천할 것을 강조했다. 책을 읽을 때에는 단정한 자세로 앉아서 경건한 태도로 책을 대할 것이며, 그 뜻을 깊이 이해하여야 한다. 특히 중요한 것은 책을 읽을 때 반드시 그 실천방안을 모색해야 한다는 것이다必求踐履之方. 율곡은 말했다: "입으로는 책을 읽되 마음으로 체득하지도, 몸으로 실천하지도 못한다면, 책은 그대로 책이고 '나'는 그대로 '나'이니 무슨 유익함이 있겠는가?"書自書, 我自我, 何益之有.

그러면 무슨 책을 읽을 것인가? 율곡이 우선 읽으라고 권고한 책은 『소학小學』과 사서오경四書五經이다. 율곡은 이 책들을 모두 가리켜서 '오서오경五書五經'이라고 칭한 바 있다. 그리고 틈틈이 정독할 책으로 주자朱子, 정자程子(정명도程明道와 정이천程伊川, 곧 정호程顥, 정이程頤 형제를 말함) 등 송宋나라 명유名儒의 저술을 들었고, 여력이 있으면, 역사서를 읽을 것을 권했다. 반면 이단잡류異端雜類는 옳지 않은 책不正之書이라 하여 읽는 것을 금했다.

　율곡은 각각의 서적에서 주목하고 실천해야 할 점을 제시한다. 곧 스스로 독서의 길잡이가 된 것이다. 그 내용을 보자:

　① 『소학小學』: 율곡은 말한다. "먼저 『소학』을 읽을 것이니, 어버이를 섬김事親, 형을 공경함敬兄, 임금에게 충성함忠君, 어른을 공경함弟長, 스승을 높임隆師, 벗과 친함親友의 도리에 대해서 일일이 살피고 실천해야 한다." 『소학』은 주희朱熹, 주자朱子와 유청지劉淸之가 편찬한 아동교육서로서, 주로 『논어』, 『맹자』, 『예기』 등의 경전 내용과 송대宋代 사대부士大夫의 언행이 수록되어 있다. 율곡이 『소학』을 매우 중시하였음은 스스로 『소학집주小學集註』를 편찬한 것을 보아도 알 수 있다. (『소학집주』는 율곡의 44세 때 저술이나 아쉽게도 실전失傳하였고 다만 우계牛溪 성혼成渾의 발문跋文(「小學集註跋」)만 남아 있다.) 필자는 율곡이 『소학』을 중시한 몇 가지 이유를 추측해 본다. (1) 주자가 『소학』을 편찬한 것은, 율곡이 『격몽요결』을 저술한 것과 그 취지가 비슷하다. (2) 김굉필金宏弼, 조광조趙光祖로 이어지는 사림파士林派들은 『소학』을 매우 중시하였으며, 율곡은 사

림파의 전통을 이어 받았다. (3)『소학』은 율곡이 평생 존숭
尊崇한 주자朱子의 저술이다.

　②『대학大學』과『혹문或問』: "다음에는『대학大學』과『대학
혹문大學或問』을 읽을 것이니, 궁리窮理, 정심正心, 수기修己, 치인
治人의 도리를 하나하나 바로 알고 실천하도록 한다."『대학』
은『논어』,『맹자』,『중용』과 더불어 이른바 '사서四書'를 구성
한다. 원래『대학』은『예기』가운데의 한 편이었다. 그것이
한유韓愈로부터 주목받기 시작하더니, 송대宋代에 와서『대
학』을『예기』에서 떼내서 단행본으로 만들기에 이르렀고,
특히 정명도, 정이천 형제들은『대학』을 유교의 정통경전으
로 삼고 수양의 근본으로 간주했다. 정이천은 "덕德으로 들
어가는 문은『대학』만 한 것이 없다" 하여『대학』을『논어』,
『맹자』와 함께 나란히 유교의 경전으로 간주하였다.『대학』
을 유교의 경전으로서 확고부동한 위치에 놓은 것은 주자였
는데, 그는『대학』의 주해서라고 할 만한『대학혹문大學或問』
을 저술하였다.『대학혹문』은『대학』의 내용을 문답형식을
빌려서 자세히 풀이해 놓은 책이다.

　앞서 말한 것처럼 율곡은,『대학』과『(대학)혹문』을 읽으면

서 관심을 가져야 할 일은 이치를 탐구함窮理, 마음을 바르게 함正心, 자기수양修己, 남을 다스림治人의 도리를 하나하나 참되게 알고 실천하는 것이라고 밝혔다.

『대학』 본문經에 "옛날에 천하에 밝은 덕을 밝히고자 한 사람은 먼저 그 나라를 다스리고治其國, 그 나라를 다스리려 한 자는 먼저 집안을 다스리고齊其家, 집안을 다스리려 한 자는 먼저 자기자신을 수양하고修其身, 자신을 수양하려는 자는 먼저 그 마음을 바르게 하며正其心, 그 마음을 바르게 하려는 자는 먼저 그 뜻을 성실하게 하며誠其意, 그 뜻을 성실하게 하려는 자는 먼저 앎知에 이르는 것인데, 앎에 이르는 것致知은 바로 대상對象에 이르러 궁리함格物에 있다"고 하였으니, 이것이 『대학』을 읽으면서 관심을 가져야 할 사항들이다.

③ 『논어』: "다음에는 『논어』를 읽을 것이니, 仁(인)을 구하는 것求仁과 위기爲己, 그리고 인간의 본원本原을 함양涵養本原하는 공功을 하나하나 깊이 생각하고 깊게 체득해야 한다."

구인求仁과 위기爲己와 함양본원涵養本原에 대해서 생각해 보자.

잘 알려진 대로 仁은 공자의 핵심사상이며 유가의 사회윤리의 기본이다. 그런데 구인의 요점은 무엇일까? 중요한 것은 仁은 남에게서 구할 필요도 없고, 바깥에서 구할 필요도 없다는 것이다. 仁은 지금 내가 여기서 행하면 된다. "仁이 먼 데에 있겠는가? 내가 仁을 바랄진대, 그 仁은 이미 와 있는 것이다「논어」「술이述而」." 앞서 제3장「지신持身」에서 보았듯이, 仁을 행하는 것은 나로 말미암는 것爲仁由己이라는 것이 『논어』의 가르침이다.

'위기爲己'란 무엇일까? 필자는 이를 '위기지학爲己之學'으로 보아도 무방하리라고 본다. '위기' 또는 '위기지학'에 관해서 떠오르는 것은 『논어』의 한 구절이다.

옛날 사람은 자신을 위했고 지금 사람은 남을 위한다.

古之學者爲己, 今之學者爲人.

— 『논어』, 「헌문憲問」

이 말만으로는 글의 뜻을 잘 모를 수가 있다. 학문의 종착점은 남을 위해서 크게 쓰이는 것이 아닌가! 그런데 나를 위한 학문爲己之學이라니! 필자는 이를 학문의 근본에 관한 문제로 본다. 나 자신의 학문과 인격이 어느 정도 갖추어져야 남을 위해서 일할 수 있고, 세상에 나아가 뜻을 펼 수 있다. 그런데 많은 사람들이 학문과 인격을 연마하고 도야할 생각은 아니하고 출세해서 높은 자리를 차지할 생각만 한다. 그래서 공자는 위기지학을 그렇게 강조했을 것이다.

함양본원涵養本原, 곧 본원을 함양한다는 것은 무엇일까? 이에 대해서 율곡은 자세히 밝히지 않았으나, 공자가 "배우기에 싫증 내지 않고 가르치기에 게으르지 않는學而不厭, 誨人不倦" 교육자이었음에 비추어, 배움을 통하여 자신을 개발하는 공功을 말하는 것이 아닌가 한다. 공자는 가르침의 문호門戶는 개방하였으되有敎無類, 제자의 특성과 자질에 따라서 가르침을 달리했다. 이를테면 仁을 설명하되, 제자 중궁仲弓, 염옹冉雍에게는 "집을 나가서는 귀한 손님 보듯 하며, 백성부리기를 큰 제사 받들 듯이 하는 것이다. 자신이 바라지 않는 것을 남에게 베풀지 않는 것이다. 나라 안에 원망이 없게 하고 집 안에 원망이 없게 하는 것이다"라고 하였으며, 제자 번지樊遲에게는, 仁이란 "거처함에 공손하고, 일을 함에 공경스럽고, 타인에게는 충직함으로 대하는 것"이라고 일러주었으며,

(앞에서 보았듯이) 그의 수제자인 안연에게는 "자신을 이기고 禮로 돌아감이 仁을 행하는 것"이라고 가르쳤다. 필자의 생각으로는, 함양본원의 공功이란 공자가 제자의 타고난 바本原에 맞추어서 그의 인성과 덕을 길러낸 것涵養을 가리킨다.

④ 『맹자』: 율곡이 『맹자』를 읽는 이에게 강조한 것은 의義와 이利의 분변辨義利, 인욕의 차단遏人慾, 천리의 보존存天理에 관한 학설을 밝게 살펴 확충하라는 것이다. 이러한 학설들은 『맹자』에 분명히 드러나 있다. 이를테면 맹자는 의와 이의 구분에 대해서는 사람들이 利를 가지고 다투면 결국 분쟁에서 헤어날 수 없음을 밝히고上下交征利, 而國危矣, 임금은 利만 추구할 것이 아니라 인의仁義를 추구하여야 한다고 주장한다. 다른 곳에서 맹자는, 이익을 생각하면서 군주를, 부모를, 형을 섬긴다면 "이것은 이익을 위해서 서로 접촉하는 것인데, 그렇게 하고도 망하지 않는 사람이 없었음"을 지적한다. 반대로 인의를 생각하면서 군주를, 부모를, 형을 섬긴다면 이것은 "이익을 멀리하고 인의를 위해서 서로 접촉하는 것인데, 그렇게 하고도 천하의 왕이 되지 않은 사람이 없었다"라고 말하기에 이르렀다. 또한 맹자는 마음을 기르는 데

는 욕심을 줄이는 것만큼 좋은 것이 없다고 하고養心莫善於寡欲,
사람들은 개나 닭 한두 마리가 달아나면 쫓아가 잡을 줄 알
면서도 마음이 달아나면 방치해둔다고 탄식했다. 그는 또
감정적 욕망을 극복하고 도덕심을 회복한 사람만이 "천하의
넓은 곳에 거처하고, 천하의 올바른 위치에 서고, 천하의 위
대한 도道를 실현한다"고 주장했다. 그는 또한 "우리의 마음
을 다하면 그 본성을 알 수 있고, 본성을 알면 하늘을 아는
것이니, 마음을 잘 보존하고, 본성을 잘 기르는 것이 바로
하늘을 섬기는 것이다"라 하여 존심양성存心養性(존심存心은 욕망
등에 의해서 본심을 해치는 일 없이 항상 그 본연의 상태를 지니며, 선천
적으로 내재하는 도덕성을 기른다는 뜻. 양성養性은 자기의 천성을 길러
자라게 함)을 강조했다.

⑤ 『중용中庸』: 『중용』에 대해서는, 성정性情의 덕德과 추치推
致의 공功과 위육位育의 묘妙를 하나하나 살펴 얻는 바가 있도
록 하라고 하였다. 이 모두 『중용』제1장과 관계 있다. 『중
용』제1장에서 인간의 본성性을 하늘이 명命한 것으로 정의
하고天命之謂性, 희노애락의 감정의 미발未發을 '中'으로, 그것이
모두 절도節度에 맞게 발發하는 것을 '和(화)'로 정의한다. '추

치推致'란 앞서 말한 '中'과 '和'를 이루는 것致中和를 말하며, 위육位育의 묘妙란 치중화致中和의 결과로 천지가 자리잡고, 만물이 자라남을 가리킨다.

⑥ 『시경』: 다음에 율곡은 『시경』을 읽으라고 하였다. 『시경』에서 배울 것은 성정의 바름과 바르지 못함性情之邪正과 선악에 대한 칭송과 징계이다善惡之褒戒. 이를 깊이 생각해서 선한 마음을 일으키고 악한 마음을 징계하라고 하였다.

『시경』의 출발점은 고대 중국 민중의 시가다. 자연히 갖가지 희노애락의 정서가 녹아 들어 있다. 그러나 유가의 사상가들은 『시경』을 단순히 갖가지 정서가 녹아 있는 민가집으로만 보려 하지 않았다. 갖가지 감정을 순화醇化하면 순수한, 사곡邪曲함이 없는 감정상태로 돌아간다는 것이다. 그것을 孔子는 '사무사思無邪'라 하였다: "시詩 삼백 수首를 한마디로 말하면 사무사思無邪(생각함에 거짓됨이 없음)이다." 또한 공자는 그의 아들 鯉(리)에게 사람은 반드시 詩를 알아야 한다고 말했다. 율곡이 시경 읽기를 권한 것도 이러한 맥락에서이다.

⑦ 『예경禮經』: 『예경』에서 배울 것은 천리天理의 질서와 행

위규범儀則의 도수度數이다. 그것을 일일이 연구하고, 그 바탕 위에 설효 바가 있어야 한다. "설 바가 있다有立焉"고 한 것은 공자가 "禮(예)에 선다立於禮"는 말을 남긴 데 근거한 것이다.

주자朱子는 禮를 가리켜 '천리의 절문, 인사의 의칙天理之節文, 人事之儀則'이라고 간결명료하게 설명한 적이 있다. 禮는 무엇 인가? 인간의 행동규범을 광범위하게 일컫는 말이다. 그러 니까 인사人事의 의칙儀則, 즉 사회생활의 규범이라는 말은 쉽 게 이해되는데 천리의 절문節文이란 무엇인가? 이는 인간생 활의 규범이 천지자연의 질서와 부합해야 한다는 생각을 표 현한 것으로 보인다.

⑧ 『서경書經』: 다음, 율곡은 『서경』을 읽을 것을 권했다. 율 곡은 말하기를, 『서경』에서 이제삼왕二帝三王이 천하를 다스 린 대경대법大經大法을 하나하나 터득하고, 그 근본을 거슬러 올라가야 한다고 하였다(여기서 이제二帝는 요堯와 순舜을 가리키고, 삼왕三王은 우禹임금, 탕湯임금과 문왕文王, 무왕武王을 가리킨다). 율곡이 강조한 것은, 『서경』은 옛 임금의 마음 씀씀이心法와 그들의 정치방식을 기록해 놓은 책이니, 정치의 큰 틀을 이해하는 데는 『서경』을 읽는 것처럼 좋은 것이 없다는 점이다.

⑨『역경易經』: 역경을 읽을 때는 "길흉吉凶·존망存亡·진퇴進退·소장消長의 기미幾微를 하나하나 관찰하고 궁리해야 한다." 『주역』으로 대표되는 『역경』은 원래 점서占書이며 변화의 책The Book of Changes이다. 『주역』은 성현의 오랜 사색의 결과로 얻게 된 천지만물의 이치가 담겨져 있는 책으로, 그 이치에 따라 앞날의 일을 예측할 수 있게 해 준다. 『주역』을 읽음으로써 변화의 기미幾微를 간취看取하고, 변화를 예측하고, 대비하는 것이 중요하다.

⑩『춘추春秋』: 『춘추』는 역사서이다. 그것은 단순한 역사서를 넘어서 옳고 그름, 정의正義와 불의에 대한 명확한 정의定義를 담고 있다. 율곡이 강조한 것은, 『춘추』를 읽으면서 성인이 선을 상 주고, 악을 벌 주며, 억양하고 조종하는 깊은 뜻을 하나하나 자세히 연구해서 깨달아야 한다는 점이다.

율곡이 가장 중시한 서적은 이상의 열 권 서적이다. 이른바 사서四書 오경五經에 소학小學을 더하여 그는 오서오경五書五經이라고 불렀다. 이들 책들은 교대로 숙독熟讀하여 날로 이해의 깊이를 더하고, 의리義理가 날로 밝아져야 할 것이다. 다음에 그가 권장한 도서는 『근사록近思錄』, 『가례家禮』, 『심경心

經』,『이정전서二程全書』,『주자대전朱子大全』,『주자어류朱子語類』
와 기타 성리서이다. 이들을 틈틈이 정독精讀해서 나의 마음
속에 항상 의리義理가 젖어들게 해야 한다. 또한 여력이 있으
면 역사서를 읽을 것이니, 그럼으로써 고금의 일에 통하고,
세상이 변화하는 모습을 알게 되어 식견이 높아지게 될 것이
라고 하였다. 율곡은 이단잡설異端雜說 등 부정한 책은 잠시라
도 펼쳐 보아서는 안 된다고 경고했다.

「독서장」 끝에 율곡은 자신이 권장하는 독서법을 말했다.
책을 읽을 때는 반드시 책 한 권을 숙독하여, 그 뜻을 통달
하여 의심나는 것이 없게 된 다음에 다른 책을 읽을 것이며,
함부로 많이 읽기에 급급하여 닥치는 대로 읽어서는 아니
된다.

『격몽요결』의 독서론을 정리해 보자: 독서의 중요성은 궁
리(사물 하나하나의 도리를 밝혀내고 여기에 일관하는 천리를 발견하려
는 것)에 있다. 책에는 옛 성현들의 마음 쓴 자취와 선과 악의
본받고 경계할 일들이 들어 있고, 이를 아는 것이 궁리에 도
움이 되기 때문이다. 그럼으로, "도道에 입문하는 데는 궁리
보다 앞서는 것이 없고, 궁리에는 독서보다 앞서는 것이 없

다." 독서는 이처럼 궁리를 위해서, 나아가서 도道에 입문하기 위해서 필수적인 것이지만 그 자체가 목적은 아니다. 율곡에게 독서는 "하나의 수기修己나 수도修道의 과정이지 지식의 축적을 그 본령으로 하고 있지 않다"최승순, 1995. 율곡은 「동호문답東湖問答」에서 독서 자체가 목적일 수 없음을 확실히 한다: "독서는 이치를 터득格致하기 위한 방법의 하나일 뿐이니, 독서만 하고 실천을 하지 않는 것은 앵무새가 말할 줄 아는 것과 같다."

율곡이 권한 서적은 당시 주류 학문(儒學, 특히 性理學)의 관점에서는 주요서적이 망라된 것은 틀림없지만, 독서의 범위를 주류 학문으로 제한했다는 평가가 없을 수 없다. 율곡은 궁리하고 도道에 입문하는 데 꼭 필요하다고 여긴 책들만 추천한 것으로 보이며, 정통 유학에 속하지 않은 서적들은 이단잡류異端雜類라 하여 권장은커녕 아예 읽는 것을 금지했다. 이제 막 학문에 들어서려는 초학에게 인생과 학문의 방향을 일깨워주기 위해서는 독서를 정통 유학으로 한정하는 것이 낫다고 생각한 것으로 보인다.

그러나 율곡 자신의 정신세계는 정통 유학으로 한정하기

에는 너무 넓었다. 그가 나이 불과 열 살 때 지었다는 「경포
대부鏡浦臺賦」를 보아도 그의 웅혼雄渾 · 호방豪放한 포부를 알
수 있다.

… 행장行藏은 운수에 달렸고 화복禍福은 시기가 있는 법, 구해
서 얻어지는 것도 아니고 버려도 버릴 수 없나니. 그만두자,
마침내 인력으로 취할 수 없으니. 명命이라, 마땅히 조화造化
의 하는 대로 따를 뿐이네. 하물며 형상은 만 가지로 나눠지
지만 이치의 합하는 것은 하나임에야. 죽고 사는 것도 분변하
지 못하거늘 하물며 오래고 빠른 것을 논하겠는가. 장주莊周
는 내가 아니고 나비는 실물이 아니니, 참으로 꿈도 없고 진
실도 없으며, 보통 사람이라 해서 없는 것도 아니고 성인이라
해서 있는 것도 아니거늘 마침내 누가 득이고 누가 실이겠는
가. … 아! 인생은 바람 앞 등불 같은 백 년이고, 넓은 바다의
한 톨 좁쌀 같은 것이니 … 풍경을 찾아서 천지를 하나의 집
으로 삼을 것이지, 하필이면 중선仲宣이 부질없이 고국 그리
워함을 본받을 건가.*

뒷날 송시열宋時烈, 우암尤庵이 기록한 바에 따르면, 율곡은 "열 살이 됨에 경서에 두루 통했고, 말하기를 성인의 도道가 단지 이것 뿐이겠는가라 하고, 이에 불가와 도가의 서적을 두루 읽었다이종성, 2007." 어쩌면 율곡은 경세, 정치, 교육은 유교의 원리에 크게 의존하면서도 마음은 자유롭게 유불선儒佛仙의 경계를 허물고 다녔는지도 모른다. 그의 시를 보자:

도를 배우니 집착이 없어,	學道卽無著
어디건 인연 따라 노닌다네.	隨緣到處遊
잠시 있던 청학동을 하직하고,	暫辭靑鶴洞
백구주에 와서 노니노니…	來玩白鷗洲…

―「與山人普應至豐巖李廣文家宿草堂」

여기서 청학동靑鶴洞은 노장철학을 뜻하고 백구주白鷗洲는

---

* 행장行藏이란 세상에 나가서 도道를 행하는 것과 은거隱居하는 것을 말한다. 『논어』술이述而: "用之則行, 舍之則藏." 중선仲宣은 중국 위魏나라의 왕찬王粲을 가리킴. 그는 형주荊州에 피난해 있으면서 고국을 그리워하여 「등루부登樓賦」를 지은 바 있음.

82

유교를 뜻하는 것으로 볼 수 있다이희재, 2007. "집착 없이 인연 따라 노닌다"는 말은 어떤 가르침이라도 받아들일 수 있는 '열린 마음'을 뜻하는 것으로 보이지만, "머문 바 없는 데에 응해서 그 마음을 낸다應無所住, 而生其心"는 불교의 가르침과도 서로 통하는 것으로 볼 수도 있다. 어쨌든 이 시를 통해서 율곡의 구도求道 자세를 단편적으로라도 이해할 수 있다. 이에 대한 이희재의 논평은 적절하다.

> 진리에 목말라 있던 이이李珥에게는 오직 성리학만이 진리가 아니었다. 그는 노불老佛에 대해 관심을 가졌고, 또 주자학의 理만을 절대적인 가치로 보지 않았다. 그는 비록 주희朱熹의 말이라도 재음미하고 재검토하였으며, 무비판적으로 수용하지 않았다. 이것이 李珥의 진지하고 성실한 학문의 자세였다.
>
> ─이희재, 2007

율곡의 불교에 대한 이해와 관심은 남달랐다. 율곡은 19세 때 집을 떠나 금강산에 가서 1년간 불교를 연구했다. 그가 어느 절에 머물렀으며, 어떤 불경을 읽고 무슨 문제에 침

잠했으며 어떻게 수행했는지에 대해서는 알려진 것이 없다. 다만 율곡 자신이 젊어서부터 선학禪學을 좋아하여 제반 경전을 많이 보았다고 말한 적이 있고「어록語錄」下, 또 스스로 "절에 들어가자 계율을 지키고 참선을 행함이 매우 견고하여 잠자고 밥 먹는 것도 잊어버리는 데까지 이르렀다「연보年譜」."라고 술회述懷한 적이 있는 것을 보아 그가 불교의 진리를 터득하기 위해서 발분망식發憤忘食하였음을 알 수 있다. 율곡 자신의 말로는, "일찍이 모친을 여의고 망령되게 슬픔을 누르려 한 나머지 마침내 불교에 탐닉하게 되었다. 기름이 배어들고 물이 스미듯 깊이 빠지게 되자 나중엔 … 깊은 산중으로 달려 들어가 선문禪門에 종사하기를 거의 일 년 가까이 하였다"「사부교리소辭副教理疏」. 그런가 하면 율곡은 유교사상과 불교사상의 합치점을 찾는 일에도 관심을 가졌다. 언젠가 어느 중이 유가에도 '마음이 곧 부처心卽佛'라는 말이 있느냐고 물었을 때, 그는 대답하기를, "맹자가 늘 性이 착함性善을 말하고, 말할 때마다 사람은 누구나 요순처럼 될 수 있다는 말을 한 것이 마음이 곧 부처라는 말과 무엇이 다르겠느냐"라고 대답하고, 유가가 실實한 것을 보았다고 덧붙

84

였다「풍악증소암노승楓嶽贈小菴老僧」幷序. 율곡은 이따금 불교의 화법과 비유로 자신의 견해를 표명하기도 하였다. 이를테면 그는 理와 氣의 관계를 논하면서 원래의 理는 지극히 순수至純하지만 참치부제參差不齊(길고 짧거나 또는 서로 드나들어서 가지런하지 않음)한 氣에 의착依著함에 따라 理도 또한 참치부제하게 됨을 비유해, "물은 네모지고 둥근 그릇에 따르고, 공기는 크고 작은 병瓶에 따른다水逐方圓器, 空隨大小瓶"고 말했는데, 이는 율곡 자신이 밝혔듯이 불가의 말을 인용한 것이다「이기영증우계도형理氣詠呈牛溪道兄」.「어록語錄」에 따르면 율곡은 제자들에게, "종일 무리지어 지내며 마음 쓸 일 없는 것은 산당山堂에 정좌靜坐하여 마음을 기르는 것만 같지 못하다"라고 하였는데 이는 불가의 좌선坐禪을 응용한 공부방법인 것으로 보인다. 『격몽요결』 제3장「지신持身」에서도 율곡은, "일이 없은즉 조용히 앉아 마음을 잘 가다듬을 것靜坐存心"을 권했는데, 여기서도 율곡이 젊었을 때 심취한 불교 선학禪學의 영향을 찾을 수 있다.

한편 율곡은 도가사상에 대해서도 깊은 관심을 가졌다. 그는 노자老子의 『도덕경道德經』「노자」라고도 불림 81장 가운데에서

40장을 뽑아 그 원문에 구결口訣과 자신의 해석을 붙였는데, 이 책 제목이 『순언醇言』이다. 주자학朱子學만이 정통의 사상이며, 나머지는 이단시되던 당시 학문적/정치적 분위기에서 노자 『도덕경』을 주제로 한 저술을 내는 것은 쉽지 않은 일이었을 것이다. 과연 율곡의 친한 벗이었던 송익필宋翼弼 구봉龜峯은 율곡을 만류해서 말하기를, "노자 본래의 취지가 아니요, 구차하게 (다른 것을) 같은 것으로 만든 혐의만 있게 된다非老子之本旨, 有苟同之嫌"라고 하였다. 그럼에도 불구하고 율곡이 『노자』 해설서를 만든 것은 진리가 주자학의 틀 안에 갇혀 있는 것이 아니라는 생각 때문이었을 것이다. 이제 『순언』에서 하나의 장을 택해서 그 내용을 검토해 보자.

[제3장] 도道는 늘 아무것도 하지 않지만 안 하는 것이 없다.
道常無爲, 而無不爲.
풀이: 하늘의 일은 소리도 없고 냄새도 없으니, 만물이 생겨남은 실로 이에 근본한다. 사람의 경우에는 생각도, 행위도 없이 고요히 움직임이 없으면서 감응感應하여 천하의 이치를 통하는 것이다.

上天之載無聲無臭, 而萬物之生實本於斯. 在人則無思無爲寂然不動, 感而遂通天下之故也.

이 글에서 율곡은 도가의 주요한 명제인, "도道는 늘 아무것도 하지 않지만 안 하는 것이 없다道常無爲 而無不爲 『노자老子』제 37장"란 말을 유가의 언어로 풀이하고 있다. 즉 도가의 '무위無爲'를 『시경』 「대아편」大雅篇의 "상천지재, 무성무취上天之載 無聲無臭"로 해석하는데 그 대략의 뜻은, 하늘은 소리도 냄새도 없는 가운데 만물을 낳고, 사계절을 바뀌게 한다는 것이다. 또한 그것을 인사人事에 적용하면, 생각과 행동이 없이無思無爲, 고요히 움직임이 없는 상태寂然不動에서 천하의 이치를 느껴 앎에 해당한다는 것이다感而遂通天下之故也. 다음은 『주역』 「계사繫辭」의 한 구절이다:

역易은 무사无事(일이 없음)며 무위无爲이니, 고요히 움직임이 없이 천하의 이치를 느껴 안다.

易, 无事也, 无爲也, 寂然不動, 感而遂通天下之故也.

즉 율곡은 무성무취無聲無臭의 '無'와 무사무위无事无爲의 无(=無)가 도가사상의 '無(무)' 또는 '無爲(무위)'와 관련이 있다고 본 것이며, 이런 방식으로 도가사상과 유가사상의 연결고리를 찾으려 한 것이다.

율곡의 권장도서목록에는 사장詞章이 전혀 없다. 뿐만 아니라 율곡은 하지 않아야 할 일들을 적어 놓은 「혁구습」『격몽요결』제2장에서 '좋은 글 솜씨로 그 시대의 명예를 얻는 것好以文辭, 取譽於時'을 금지항목에 넣었다. 율곡은 초학들에게 사장詞章을 멀리하라고 가르쳤지만, 사실 율곡 자신은 시문詩文에 대한 이해가 깊었고, 또 스스로 품격 높은 시문을 지었다. 율곡의 문학에 대한 남다른 조예造詣와 열정은 그가 38세 때 역대 중국의 시를 모아 편찬한 선시집選詩集 「정언묘선精言妙選」을 보면 알 수 있다. 우리는 이 책의 서문을 통해서 율곡의 문학관을 짐작할 수 있다.

사람 목소리의 정수精粹는 언어요, 언어의 정수는 시詩라. 詩는 (인간의) 성정性情에 근거한 것이지 교묘히 꾸며서 만들어지는 것이 아니다. 詩 삼백은 인정을 곡진曲盡히 말하고, 세상

이치를 횡하게 담아 그 우유충후優柔忠厚(마음이 부드럽고 충직·순후함)한 것이 (성정의) 바른 곳으로 돌아가니, 이것이 詩의 본원本源이다. 세대가 점점 내려가면서, …詩의 본원이 오랫동안 막히고 말류末流는 많이 갈라졌는지라, 배우는 자가 … 길을 찾지 못함을 염려하여 가장 정채精彩(활발하고 생기가 넘치는 기상) 있고 본받을 만한 것들을 모아 여덟 편으로 만들고 … 정언묘선精言妙選이라 이름 붙인다. −「정언묘선」서序

그리고 율곡은 "詩가 비록 학문하는 자의 능사는 아니지만, 또한 성정性情을 음영吟詠하고 청화清和(맑고 화창한 정서)를 펴냄으로써 마음 가운데의 찌꺼기滓穢를 씻어내는 것이니 또한 본성을 보존하고 살피는 데 도움이 된다"고 하였다. 시문詩文에 대한 비상한 관심과 조예가 없다면 이러한 문학론(시론)을 쓸 수 없었을 것이고, 선시집選詩集을 편찬하지도 않았을 것이다. 시를 수양의 일부로 보는 공자와 송유宋儒의 생각을 율곡도 이어받았음이 틀림없다.

율곡의 시 두세 수를 감상하자.

물고기 뛰고 솔개 나니 위아래가 한 가지라!　　魚躍鳶飛上下同

이는 色(색)도 아니고 또한 空(공)도 아니네.　　這般非色亦非空

무심히 한 번 웃고 자신을 보니,　　等閒一笑看身世

빗긴 해 만목萬木 중에 홀로 서 있네.　　獨立斜陽萬木中

—「楓嶽贈小庵老僧」

숲속 정자에 가을은 이미 깊었는데,　　林亭秋已晩

시인의 상념은 끝이 없구나.　　騷客意無窮

저 멀리 물은 하늘에 닿아 푸르고,　　遠水連天碧

서리 맞은 단풍은 해를 향해 붉었네.　　霜楓向日紅

산은 외로운 둥근 달을 토해내고,　　山吐孤輪月

강은 만리를 부는 바람을 머금었도다.　　江含萬里風

하늘가 기러기는 어디로 가는가,　　塞鴻何處去

저무는 구름 속에 울음소리 사라지네.　　聲斷暮雲中

—「花石亭」(율곡이 여덟 살 때 지은 詩임)

맑은 시내 따라가니 걸음마다 더디고,　　行傍淸溪步步遲

기암奇巖 현폭*에 눈꽃 날리네.　　奇巖懸瀑雪花飛

90

시냇물 끝나는 곳에 도인道人이 있으련만,   羽人應在水窮處

길 끊어지고 구름 깊어 쓸쓸히 돌아서네.   路斷雲深惆悵歸

                                                 —「入玉溪洞」

―――

* 현폭懸瀑: 매우 높은 곳에서 떨어지는 폭포.

제5장
사친事親

유교의 중요한 특징 중의 하나는 가족관계/윤리를 중시한다는 것이다. 유교가 가장 중시하는 가족윤리는 부모-자식 간의 관계, 곧 孝(효)이다. 중국의 학자 호적胡適은 유교를 孝의 종교라고 하지 않았던가. 율곡이 『격몽요결』에서 부모 섬김(사친事親)은 물론 상제喪制와 제례를 다루었던 것은 자연스러운 일이다.

『격몽요결』 다섯 번 째 장인 「사친事親」에서 율곡은 우리가 효도해야 하는 이유, 그럼에도 불구하고 효도를 실천하는 이가 적은 이유, 사친事親(어버이 섬김)에서 요구되는 태도와 행동, 부모-자식 관계에서 잘못되기 쉬운 점, 孝(효)의 원리와 사상 등을 제시한다.

부모 섬김事親의 출발점은 부모의 은혜를 아는 것이다. 거꾸로, 우리 누구나가 어버이에게 효도해야 할 것임을 앎에도 불구하고, 실제로 孝를 행하는 사람이 극히 드문 것은 부모의 은혜를 깊이 깨닫고 있지 않기 때문이다. 사람이 세상에 태어남에 생명과 혈육이 모두 부모가 끼쳐 준 것이다. 숨한번 쉴 때에도 부모와 기맥氣脈이 서로 통함을 느낄 수 있으니, 나의 몸은 실상 나 개인의 것이 아니라 부모가 남겨 주신 기운氣인 것이다. 이 점을 생각하면 내 몸을 나 개인의 것으로 여길 수 없다. 이 마음을 잘 간직하면 부모를 향한 정성이 저절로 생기게 된다.

우리의 생명과 혈육이 모두 부모가 끼쳐 준 바이며, 나의 몸은 실상 나 개인의 것이 아니라 부모가 남겨 주신 기운氣인 것이라는 생각은 유가사상에 깊이 뿌리박혀 있는 사상이다. 『예기禮記』의 다음 글은 율곡의 사상과 부합한다.

몸은 부모가 끼쳐 준 유체遺體이다. 부모의 유체를 행함에 어찌 공경하지 않겠는가? 거처居處가 장중莊重하지 않은 것은 孝

가 아니다. 임금을 섬김에 충성하지 않는 것은 孝가 아니다. 관직에 임해서 공경스럽지 않은 것은 孝가 아니다. 붕우朋友에게 믿음이 없는 것은 孝가 아니다. 전쟁터에서 용맹하지 않은 것은 孝가 아니다. 이 다섯 가지를 이루지 못하면 그 재앙이 부모에게 미치는 것이니 어찌 감히 공경하지 않겠는가?"

　　　　　　　　　　　　　　　　　　　— 『예기』「제의祭義」

율곡은 孝의 당위성을 말하면서 시구를 인용한다: "아버지 날 낳으시고, 어머니 날 기르셨네. 이 은혜 갚고자 하면, 넓은 하늘도 다함이 없네. 슬프구나 나의 부모, 나를 낳아 힘들고 고생하셨네." 『명심보감明心寶鑑』「효행孝行」편에도 인용되어 있는 이 시구의 출처는 『시경』「소아小雅」에 실린 '육아蓼莪'이다. 다음은 이 시의 일부다.

무성하게 자란 것이 사재발쑥인가 　　　蓼蓼者莪

사재발쑥이 아니라 다북쑥이네 　　　　匪莪伊蒿

슬프구나 나의 부모 　　　　　　　　　哀哀父母

나를 낳아 힘들고 고생하셨네 　　　　　生我劬勞

무성하게 자란 것이 사재발쑥인가	蓼蓼者莪
사재발쑥이 아니라 제비쑥이네	匪莪伊蔚
슬프구나 나의 부모	哀哀父母
나를 낳아 고생하고 지치셨네	生我勞瘁

......

아버지 날 낳으시고	父兮生我
어머니 날 기르셨네.	母兮鞠我
쓰다듬고 먹여주시고	拊我畜我
키워주고 길러 주셨네.	長我育我
돌아보고 덮어주시고	顧我復我
나가고 들어옴에 날 안아 주시니	出入腹我
이 은혜 갚고자 하면	欲報之德
넓은 하늘도 다함이 없네.	昊天罔極*

......

---

* 이 시에서 쑥이 뜻하는 것은 무엇일까? 사재발쑥莪은 고급스러운 나물이다.
그에 비해서 다북쑥蒿과 제비쑥蔚은 쳐주지 않는 나물이다. 부모는 나를 사재
발쑥으로 여겼는데 나는 다북쑥이나 제비쑥밖에 되지 못했다는 뜻이다.

부모를 모시는 자는 일을 독단으로 하지 않는다. 반드시 부모의 허락을 받은 뒤에 행한다. 꼭 할 만한 일인데도 부모가 허락하지 않는 경우에는 반드시 자세히 말씀드려 허락받아 행할 일이요, 끝까지 허락하지 않는 경우에는 무릅쓰고 뜻을 이룰 일이 아니다.

　율곡은 『소학』의 내용과 비슷하게, 일상생활에서 부모 모시는 데 소홀함이 없어야 한다고 가르쳤다. 매일 일찍 일어나서 세수하고 머리 빗고 옷을 갖추어 입고 부모의 침소에 가서 온화한 목소리로 편안하신지를 여쭙고 저녁에도 부모의 잠자리가 편안한지, 방은 따뜻한지를 살핀다昏定晨省. 낮에 모실 때도 항상 기쁘고 부드러운 낯빛으로 공손히 부모를 대할 것이며, 봉양에 정성을 다하고, 집을 나가고 들어올 때 반드시 절하고 인사드린다.

　율곡의 시대에도 나이가 먹도록 부모에게 의존하는 사람들이 있었나 보다. 율곡은, 부모를 부양하는 것이 아니라 오히려 부모에게 부양받는 삶을 살다 보면 마침내 부모를 봉양할 기회를 갖지 못하게 된다고 경고한다. 그러므로 자식된 자는 스스로 집안 일을 주관하고躬幹家事, 스스로 맛있는

음식을 마련해서 부모를 공궤供饋(윗사람에게 음식을 드림)하여
야 자식의 책무를 다하게 된다. 물론 가사家事를 주관하는 일
은 부모가 허락하지 않으면 하지 못하겠지만 그 경우에도
집안일을 주선·보조하고 부모의 입에 맞는 맛있는 음식을
구해서 드림이 옳다. 여기서 율곡은『삼강행실도三綱實圖』에
소개된 왕연王延의 고사故事를 소개한다. "늘 왕연이 한겨울
심한 추위 속에서 옷도 제대로 걸치지 못한 채 부모에게 맛
있는 음식을 극진히 대접함으로써 사람들로 하여금 감동의
눈물을 흘리게 한 것을 생각하라."『삼강행실도』의 기록은
이러하다:

왕연이 아홉인 적에 어미 죽어 3년을 피 나게 울어 거의 죽게
되었더니, 돌이면 그 달을 내내 울었다. 계모(다슴어미)가 늘
썩은 삼敗麻으로 옷에 두어 주면 알지만 말하지 않았다. 어미
가 겨울에 왕연을 시켜 산 고기生魚 잡아 오라 해서 못 잡으니
피 흐르게 치다가, 왕연이 얼음 두드리며 우니 문득 다섯 자
길이의 고기가 얼음 위에 솟아나 가져다가 드리니 여러 날 못
다 먹고 그적에야 제 아들같이 했다. 왕연이 어버이를 섬기되

낮을 좋게 하며 여름이면 베개와 돗자리를 부채질하고 겨울이면 이불을 따뜻이 하더니, 추운 겨울에 온전한 옷이 없으되 어버이는 맛난 것을 한껏 먹었다. ─『역주 삼강행실도』

맛있는 음식이 넘쳐나는 오늘날의 기준으로 보면 부모를 공궤함이 그렇게 중요할까 하는 느낌도 있지만, 물자가 귀하던 전통사회의 관점에서 이를 이해해야 할 것이다. 요점은 부모가 원하고, 부모가 좋아하는 것을 해드리라는 것이다.

부모-자식 관계에서 중요한 것은 사랑과 친근함이다. 그런데 율곡은 오히려 사랑이 존경을 넘어섬愛逾於敬을 경계했다. 다른 모든 인간관계에서처럼 부모-자식관계에서도 존경敬이 그 기본이 되어야 한다. 그 구체적인 예로서 자녀는 부모가 앉거나 누운 곳에 감히 앉거나 눕지 못하며, 부모가 손님을 맞이한 곳에서 감히 손님을 맞이하지 못하며, 부모가 말을 오르내린 곳에서 감히 말을 오르내리지 못한다.

부모의 뜻을 잘 받드는 것은 효행의 근본 도리이다. 『논어』에는 "아버지가 계실 때는 그 뜻을 보고, 아버지가 돌아가신 후에도 삼년 간 그 뜻을 바꾸지 않아야 효라고 일컬을 수 있다"고 하였다. 율곡은 말한다: "부모의 뜻이 의리에 해로움이 없는 것이라면 마땅히 부모가 말씀하시기 전에 이를 따르고 조금이라도 소홀함이 없어야 한다. 그런데 부모의 뜻이 의리에 맞지 않는다면 온화한 낯빛과 부드러운 목소리로 간諫하기를 거듭하여 마침내 따를 것을 기약해야 한다."

만약 부모에게 병환이 있으면 마음으로 근심하고, 얼굴표정에도 근심하는 빛이 역력하여, 다른 일을 젖혀두고 의원을 찾고 약을 구할 것이니, 질환이 다스려진 후에 원래의 일로 돌아간다.

진정한 효자는 부모로부터 받은 이 삶을 소중하고 가치 있게 사는 것이다. 율곡은 말한다: "일상생활에서 한 순간도 부모를 잊지 아니해야 효라고 칭할 수 있을 것이니, 저들 몸가짐에 삼감이 없고持身不謹, 말하기에 법도가 없이出言無章, 히히덕거리며 세월을 보내는 이는 모두 부모를 잊은 자들이다." 사실 진정한 효가 요구하는 도덕성은 거의 무한하다. 『예기』, 제의祭義편에는

군자는 한 발자국 걸을 때에도 감히 孝를 잊지 않는다. … 발

을 한 번 들 때에도 감히 부모를 잊지 않고, 말 한마디 하는 데도 감히 부모를 잊지 않는다. 발을 한 번 들 때에도 감히 부모를 잊지 않는지라 바른 길로 가지 샛길로 가지 아니하며, 배를 타지 헤엄치지 아니하는 것은 부모의 유체遺體로써 위태로운 일을 하지 않음이라. 말 한마디 하는 데도 감히 부모를 잊지 않는지라 입에서 나쁜 말이 나오지 아니하며, 분노의 말이 자신에게 돌아오게 하지 아니하고, 자신을 욕되게 하지 않고, 어버이를 수치스럽게 하지 아니하나니, 이를 일컬어 孝라고 한다.

라고 하였으며, 『효경孝經』「천자장天子章」에는 "어버이를 사랑하는 이는 감히 타인의 비방誹謗을 받지 아니하며, 어버이를 존경하는 이는 감히 타인의 업신여김을 받지 아니한다愛親者, 不敢惡於人; 敬親者, 不敢慢於人"라고 하였다. 호적胡適은 이러한 태도야말로 孝를 종교의 경지에까지 끌어 올린 것이라고 주장한다. 호적에 의하면, 종교는 흔히 신神, 귀신 같은 초자연의 존재를 설정해서 인간의 행동을 감시하고 통제한다. 그런데 유교는 귀신을 믿지 않거나 귀신을 멀리하는 믿음체계이다.

그럼에도 매 순간 부모를 의식하고 행동한다는 것은, 결국 유가儒家의 부모를 다른 종교의 신神, 귀신과 같은 위치에 둔 것과 같으며, 그들이 인간행위를 제재하고 격려하는 효능을 갖는 셈이라는 것이다胡適, 1996.

"부모를 섬기고자 하나 부모가 기다려주지 않는다"라는 옛말이 말해주듯이 우리는 부모를 오래 섬길 수 없다事親不可久也. 평균수명이 지금보다 훨씬 짧았던 율곡의 시대에는 더욱 그러했을 것이다. 그래서 율곡은 "옛사람은 부모를 하루 봉양함을 삼공三公과도 바꾸지 않았네古人一日養, 不以三公換"라는 시구를 인용해서 부모를 섬기는 시간의 소중함을 일깨워준다. 그것이 시간을 아쉬워하고 아까워함, 곧 '애일愛日'이다. 부모를 모실 수 있는 하루하루가 아깝고 소중하다는 말이다 (이 시구는 왕안석王安石의 「送喬執中秀才歸高郵」라는 詩에 나온다).

부모에게 기쁘고 부드러운 낯빛을 보여야 한다든가, 집을 나가고 들어올 때 반드시 인사 드린다는 것 등은 모두 『논어』에 실려 있는 부모 모시는 도리이다. 자녀 된 자가 부모의 뜻을 받들고 따르는 일은 당연한 일이다. 그런데 부모가 원하는 일이 해서는 안 될 일이라면? 부모의 뜻이 의리에 맞지 않는다면? 율곡은 결코 맹목의 복종을 요구하지는 않았다. 온화한 낯빛과 부드러운 목소리로 간하기를 거듭해서 부모가 따를 것을 기대해야 한다는 것이다.

율곡은 어렸을 때부터 효를 실천했다. 그의 효심은 그가 다섯 살 되던 해 그의 모친 사임당의 병환이 위중함에 집안 사람들 몰래 강릉 외갓집 뒤곁에 있는 외조부 사당에서 어머니 병환이 낫게 해 달라고 기도한 에피소드에서도 드러난다「연보年譜」上. 율곡은 16세 때 어머니申師任堂가 세상을 떠나자 탈상할 때까지 여묘廬墓살이를 하면서 상복을 벗지 않았으며, 몸소 제수祭需를 장만하였다. 이듬해 여름에 탈상하였지만 심상心喪을 더하여 18세 때 가을에 삼년상을 마쳤다. 어머니를 잃은 슬픔은 그의 금강산 입산동기의 하나였다. 율곡은, "일찍이 모친을 여의고 망녕되이 슬픔을 누르려 한 나머지 마침내 불교에 탐닉하게 되었다"고 술회한 바 있다「사부교리소辭副教理疏」.

그는 가족관계에서 형식보다도 정情을 중시했다. 그가 33세 되던 해선조 원년, 1568 11월 그는 이조좌랑吏曹佐郎으로 임명되었으나 강릉의 외조모 이씨의 병구완을 위해 사직하려 했다. 외조모의 병환이 사직의 사유가 되지 않는다는 것을 그가 몰랐을 리 없지만, 그는 법조문보다는 '양육지은養育之恩'과 인정人情을 중시한 것이다. 그의 효심은 성품이 거칠었던 것으로 알려진 그의 서모庶母에까지 미쳤다. 그는 서모 모시기를 친모와 다름없이 했고, 서모를 모실 때에는 반드시 그를 기쁘게 했다. 이정구李廷龜가 찬撰한 율곡의 「시장諡狀」에는 율곡이 서모를 어떻게 대했는지가 기술되어 있다.

서모는 성품이 사납고 술을 좋아했다. 선생은 섬기기를 친어머니처럼 해서 나갈 때 반드시 고하고 들어와서는 반드시 뵙고, 새벽에 반드시 술을 데워 침소에 가서 문안 드리고, 녹봉 또한 마음대로 처리하지 않았다. 혹 서모가 즐겁지 않은 기색이 있으면 부드러운 말로 공경을 다하여 그 마음을 기쁘게 하고 말았다. 서모도 후에 감화하여 선생이 몰歿한 후 3년간 상복을 입었다.

제6장

상제 喪制

　『격몽요결』제6장과 제7장의 제목은 각각 '상제'와 '제례'이다. 원래 유가의 사상가들은 삶과 함께 죽은 이를 장사 지내고 제사 지내는 것을 매우 중시했다. 맹자가 왕도정치王道政治의 시작이 백성들에게 "삶을 부양하고 죽음을 장사 지내는 일에 유감이 없게 하는 것養生喪死無憾 『맹자』「양혜왕梁惠王」上"이라고 간단히 정의한 데에도 유가의 사상가들이 상·제례를 매우 중시하였음이 드러난다. 유가의 제사는 조상에 대한 봉양과 효도를 계속한다는 뜻이 있다追養繼孝. 곧 유가의 효는 봉양과 장례와 제사로 구성되어 있으니, 증자曾子가 말한 대로, "생존시 예禮로써 섬기고, 서거 후 예로써 장사 지내고,

예로써 제사 지내면 가히 효라고 부를 수 있다「맹자」,「등문공滕文公上.」『격몽요결』의 제6, 제7 두 장이 각각 '상제'와 '제례'로 되어 있음은 상·제례를 매우 중시한 당시의 유교문화를 대변한다. 그러나 문화와 가치관은 늘 변하는 것이어서 오늘날 상례와 제례의 중요성이 옛날과 같지 아니하기에 그 해설도 간단히 하려 한다.

율곡은 상례를 주자의 가례家禮에 의거해서 집행하는 것을 당연시했다. 장례절차에 대해서 잘 모르는 것이 있으면 예를 잘 아는 선생이나 어른에게 자문해야 한다.

율곡은 상례는 지극한 정성으로 거행해야 함을 다음과 같이 설명했다: 죽은 이를 잘 보내드리는 것은 어버이를 섬기는 일의 큰 매듭이니, 이 일에 정성을 쏟지 않으면 어디에 정성을 쏟겠는가. 그러나 단지 예를 지킴을 효라고 생각하여, 슬퍼함이 지나쳐 병이 나도 제대로 치료하지 않는 일도 있으니 이는 효의 참뜻에 어긋나는 일이다. 그러므로 "몸을 해치고 생명을 상하게 함은, 군자는 이를 불효라 일컫는다."

율곡은 친지, 스승, 친척이 상喪에 어떻게 대처할 것인지를 설명한다. 이를테면, 스승, 친지 가운데에서 의리가 특히 깊은 자, 친척 가운데에서 유복친有服親(상복을 입는 관계에 있는 친족)은 아니지만 정이 깊은 자, 보통 알고 지내는 사람 가운데에서 친밀하게 지내는 자라면 당일 문상을 가는 것이 옳다. 그러나 거리가 멀어 당일 문상을 할 수 없는 경우에는 스스로 신위神位를 설치하고 곡哭을 한다. 스승에 대해서는 그 정과 의리의 심천深淺을 따져 석 달 내지 3년의 심상을 입는다(심상心喪이란 죽은 이와 상복을 입을 관계에 있지는 않지만 정情과 의리를 중시하여 상중喪中에 있는 것과 같이 처신하는 것이다). 죽은 이가 친구라면 심상은 석 달을 넘지 않는다.

율곡 자신이 『격몽요결』「상제」의 가르침을 실천한 것은 물론이다. 율곡은 16세 때 모친 사임당師任堂을 여의자 모친의 묘소를 파주坡州 두문리斗文里 자운산紫雲山 기슭으로 정했으며, 거상居喪기간 동안 상례와 제사는 『주자가례朱子家禮』에 따라 정성을 다했다. 탈상할 때까지 여묘廬墓살이를 하면서 상복을 벗지 않았으며, 이듬해 여름에 탈상하였지만 심상을 더하여 18세 때 가을에 삼년상을 마치고 관례冠禮를 하였다는 것은 앞 장사친事親에 기록한 바와 같다.

제7장

제례祭禮

『격몽요결』의 일곱째 장은 제례에 관한 것이다. 제례 역시 오늘날에는 대체로 그 의미가 많이 퇴색하였으므로, 율곡이 말한 제사의 의미 등만을 간략히 다루려 한다.

원래 제사에서 중요한 것은 정성이다. 공자는 "'체禘'라는 제사에서 강신降神의 예禮를 행한 후의 일은 더 보기를 원하지 않는다"라고 하였다. '체'는 노魯나라의 나랏제사이다. 강신 이후의 과정을 보고 싶지 않다고 한 것은 강신 이후에 정성과 공경이 약화되기 때문이다. 곧 공자는 지극한 정성이 들어 있지 않으면 제사로서 의미가 없다고 보았다. 율곡 역시 제사에서 중요한 것은 '사랑하고 공경하는 정성愛敬之誠'임을 강조했다. 재력과 체력이 괜찮은 사람은 예법에 따라 제례를 행할 것이지만, 가난하거나 병이 있는 사람은 자신이 형편에 맞추어 예를 행하면 된다. 다른 곳「성학집요」에서 율곡은 제사는 정성스럽고 깨끗한 것이 중요하지 자주 지내는 것이 중요하지 않다고 말했다. 이 말을 종합해 보면 율곡은 제사에서 중요한 것은 제사 지내는 사람의 정성과 조상에 대한 존경이지, 제수祭需와 빈도頻度가 아니라고 생각했던 것 같다. 사실 제사는 빈도보다 정성이 중요하다는 것은 유가의 오래된 사상이다. 『예기』「제의」에 따르면, "제사는 자주 지내는 것을 바라지 않으니, 자주 지내면 번거롭고, 번거로우면 공경하는 마음이 없어진다." (그러나 『예기』는 또한 다음의 구절로 균형을 맞춘다: "제사는 너무 드문 것도 바라지 않으니, 드물면 나태하고 나태하면 잊혀진다.")

율곡은 시제時祭, 기제忌祭, 참례參禮를 구분해서 설명한다. "시제를 지낼 때는 4일간 산재散齋를 하고 3일간 치재致齋를 한다. 기제를 지낼 때에는 2일간 산재를 하고 1일간 치재를 한다. 참례는 하루 재숙齋宿을 한다." 시제, 기제, 참례를 간단히 설명하면, 시제는 각 계절에 지내는 제사로 시사時祀 또는 시향時享이라 하며; 기제는 친족이 세상 떠난 날에 지내는 제사로 기일제忌日祭, 또는 기제사忌祭祀를 말하며; 참례는 명절날과 음력 초하루, 보름에 지내는 차례茶禮를 말한다. 치재란 제관祭官이 제사 전 집 안에서 근신하는 것을 말하며, 산재란 제관이 치재에 앞서 집 밖에서 근신하는 것을 말한다. 율곡은 산재와 치재에 대해서 다음과 같이 설명한다. "산재에 임해서는 문상을 아니하고, 병문안 또한 아니하며, 훈채葷菜(파·마늘 같은 특이한 냄새가 나는 채소)를 먹지 아니하고, 술 마시는 일이 있더라도 취하는 데 이르지 아니하며, 흉하고 더러운 일凶穢之事에 참여하지 않는다." 치재에 임해서는, "음악을 듣지 아니하고, 출입을 하지 않으며, 오로지 마음을 다하여 제사를 받는 사람을 생각하는 것이니, 그가 거처하던 곳을 생각하고, 그의 웃고 말하던 것을 생각하고, 그가 즐기던 것을 생각하고, 그의 기호를 또한 생각하는 것이니, 그런 후에야 제사를 지낼 때 마치 그 모습을 보는 듯하고如見其形, 마치 그 목소리를 듣는 듯하며如聞其聲, 정성이 지극하고 신령이 흠향歆饗하는 것이다."

율곡은 기제의 본질을 명확히 설명하고 있다. 조상에 대한 제사는 정말로 조상의 영혼이 와서 제수를 흠향하는 프로그램이 아니다. 기제는 지극한 정성을 다해서 조상이 그곳에 온 것처럼, 그 모습을 보는 것처럼, 그 목소리를 듣는 것처럼 느끼면서 추모하는 행사, 곧 일종의 퍼포먼스performance인 것이다이동인, 2008. 『논어』에도 '제사는 마치 (그분에 그곳에) 계신 것처럼祭如在'이라는 구절이 있다『논어』, 「팔일八佾」. 조상에게 제사 지낼 때에는 마치 조상이 그곳에 있는 것처럼 여기고, 신에게 제사 지낼 때에는 신이 그곳에 있는 것처럼 여긴다는 뜻이다. 치제에 "그가 거처하던 곳을 생각하고, 그의 웃고 말하던 것을 생각하고, 그가 즐기던 것을 생각하고, 그의 기호를 또한 생각"한다는 말은 『예기』, 「제의」에 나오는 말이다.

율곡은 상례와 제례의 의미에 대해서 정리했다: "상례와 제사는 자식 된 자가 가장 정성을 들이는 곳이다. 이미 돌아가신 부모를 뒤쫓아가서 봉양할 수는 없는 일이니, 만약 장사 지냄에 그 예를 다하지 않고, 제사 지냄에 그 정성을 다하지 않는다면 끝없는 그 아픈 마음을 기댈 데가 없고 쏟을 때가 없을 것이다."

제8장

거가居家

『격몽요결』의 여덟째 장은 「거가居家」이다. 가정은 어떻게 이끌어야 하고, 가족구성원들은 어떻게 대해야 하는지를 서술한 장이다. 이 장에는 노비를 대하는 태도와 방식에 대해서도 기술되어 있다.

먼저 가정경영에 대해서는, 가정은 예법에 따라서 이끌어 갈 것이며, 처자 및 식솔들에게 직책과 일을 나누어 주어 그 성공을 기약하게 한다고 하였다. 집안의 경제에 대해서는, 재물의 씀씀이를 절도 있게 하는 방안을 마련하되, 수입을 헤아려 지출하고, 집안의 재정형편을 헤아려 위아래 사람들의 의식衣食과 길흉사의 비용을 지급하되 정해진 질서 안에서 균일하게 지급한다. 그럼으로써 쓸데없는 비용은 줄이고, 사치를 금하여, 유사시를 대비한 약간의 여유자금을 갖도록 한다.

다음 율곡은 형제간의 우애에 대해서 말한다. 율곡은 말하기를, "형제는 부모로부터 함께 몸을 물려받았으니, (형제는) 나와 더불어 한 몸이다. 그러므로 마땅히 너와 나의 간격이 없는 것이니, 음식과 의복이 있고 없음을 모두 함께할 것이다. 혹 형은 굶고 아우는 배부르다거나, 아우는 추운데 형은 따뜻하다면 이는 한 몸 가운데에서 지체肢體의 어떤 것은 병들고 어떤 것은 건강한 것과 같으니 심신이 어찌 편안하겠는가. 오늘날 사람들 가운데서 형제가 서로 사랑하지 않는 것은 모두 부모를 사랑하지 않는 데 기인한다. 부모를 사랑하는 마음이 있으면 어찌 부모의 자녀를 사랑하지 않을 수 있겠는가"라 하였다. 율곡이 효의 원천을 자식이 부모의 몸을 받은 것이기 때문에 (곧 자녀는 부모의 연장선상에 있는 존재이기 때문이) 일순간도 이 몸을 함부로 할 수 없다는 데서 찾은 것처럼, 우애의 원천도, 형제는 똑같이 부모의 몸을 이어받은 것이기 때문에 궁극적으로 한 몸이므로 너와 나의 구분이 있어서는 아니 된다는 데서 찾은 것이다. 또 율곡은 형제간에 반목하는 것은 불효임을 명확히 지적했다. 부모를 사랑할진대 어찌 부모의 자식(이 경우는 나의 형제)을 사랑하지 않겠느냐는 논리이다. 율곡은 자신의 생각을 실천했다. 그는 형제의 자녀는 자신의 자녀와 같다는 생각을 명확히 했다. 율곡에 의하면, "형제의 자녀는 나의 자녀와 같다. 사랑함과 가르침을 똑같이 할 것이며, 경중후박輕重厚薄의 차이가 있어서는 아니 된다."

율곡은 가정생활의 근간이라 할 수 있는 부부간의 도리에 대해서도 언급한다. 오늘날 학문하는 사람이 집 밖에서는 긍지를 유지하더라도 집 안에서는 위신을 잃는 수가 많은데 이는 특히 부부간에 친압親狎(버릇없이 지나치게 친함)함이 앞서 서로 존경하는 마음이 적기 때문이다. 부부간에 예경禮敬을 잃지 않은 후에야 집안을 바르게 다스릴 수 있는 것이다. 곧 지아비는 화기和氣롭게 의義로 이끌고, 지어미는 유순하게 바른 도리로써 이를 이어받으면 집안일이 바로 다스려질 수 있다. 그러나 평소에 친압함으로 일관하다가 하루아침에 갑자기 서로 존경하려 한다면 그 뜻을 이루기 어려울 터이니 평소에 서로를 경계하여 예경의 태도를 가져야 할 것이다. 율곡의 가르침은 남편이 가정에서 모범을 보이면 아내가 이를 본받을 것이며, 이에 가정이 잘 다스려질 것이라는 것인데, 이는 「시경詩經」「대아大雅」편에 들어 있는 '사제思齊'라는 시에 이른바, "나의 아내에게 모범을 보인다[형우과처刑于寡妻]"는 사상과 부합한다. 刑于寡妻(형우과처)란 오늘날의 안목으로는 기이한 느낌까지 들지만, 율곡이 이 글을 쓰던 조선사회는 명백히 가부장제의 사회였으며, 남자들이 모든 교육기회를 독점하고 있었다는 사실을 감안해야 할 것이다.

다음에 율곡은 자녀교육에 대해서 말한다. 율곡은 특히 어린 시절의 교육을 강조한다. 아이가 무엇인가 조금 알기 시작할 무렵부터 선善으로 이끌어야 하는 것이니, 만약 어린 시절에 가르침이 없이 장성함에 이르면 나쁜 일에 물들고 마음이 방종하여 가르치기가 어렵다는 것이다. 율곡은 또한 자녀교육이 행해지는 가정 분위기에 대해서 언급했다. 한 집안에서 예법이 흥해서 글 읽기와 글 쓰기 외에는 별다른 잡기가 없다면 이에 자제들도 바깥으로 달려 나가 학문을 버리는 일이 없을 것이다. 자녀교육은 말로 공부하라고 이르는 것보다 스스로 공부할 수 있는 분위기를 만들어 주는 것이 중요하다는 점을 율곡은 일깨워 주었다.

형제, 배우자, 자녀를 어떻게 대해야 할지를 말한 다음, 율곡은 비복婢僕(하인들)을 어떻게 대해야 할지에 대해서 말한다. 비복은 나를 위해서, 나를 대신해서 수고하는 자들이다. 마땅히 먼저 은혜를 베풀고 나서 위엄을 보임으로써 그 마음을 얻어야 한다. 율곡은 임금의 백성에 대한 관계와 주인의 비복에 대한 관계가 동일한 것으로 보았다. 곧, "임금이 백성을 가엾이 여기지 않으면 백성은 흩어지며, 백성이 흩어지면 나라는 망한다. 주인이 비복을 가엾이 여기지 않으면 비복은 흩어지며, 비복이 흩어지면 가정은 망한다. 주인 된 자가 비복들을 위해서 맨 먼저 할 일은 의식衣食을 제공함으로써 기한飢寒을 면케 해주고 있을 곳을 마련해 주는 것이다. 만약 비복이 잘못을 저지르면 부지런히 잘 타일러서 고치도록 하고, 가르쳐도 효과가 없는 경우에 초달楚撻(회초리로 때림)하는데, 초달은 초달 당하는 비복 스스로가 주인이 초달하는 것은 가르치기 위한 것이지, 미움 때문이 아니라고 여길 때 기대하는 변화가 올 수 있다.

율곡은 가정 내에서 남녀유별男女有別의 예법을 지켜야 하며 비복에게도 그것은 예외가 아님을 강조한다. 그러므로 남자 종僕과 여자 종婢의 거처에 구분이 있어야 하고 주인의 명령이 없는 한 남자 종은 갑작스레 안에 들어가서는 안 된다. 여자 종은 반드시 정해진 지아비를 두도록 하여 음란함을 막아야 하며, 만약 음행淫行을 그치지 않는 자가 있으면 집 밖에서 살게 하여 가풍家風을 오염시키는 일이 없어야 한다. 또한 비복 사이의 관계도 서로 화목해야 하는 것이니, 이들이 서로 싸우고 떠드는 일은 엄히 금해야 할 것이다.

경제는 집안 살림에서 중요한 요소 중의 하나다. 그러나 율곡은 경제가 집안을 경영하는 데 제1의 고려 대상이 될 수 없음을 밝히고 있다. 군자의 태도는 마땅히 "도道를 걱정할 것이요, 가난을 걱정할 일이 아니기" 때문이다君子憂道, 不當憂貧. 그러나 현실적으로 집이 가난해서 먹고 살 것이 없으면 궁핍에서 벗어날 방법救窮之策을 모색하는 것이 당연하나 이 경우에도 굶주림과 추위를 면할 정도면 되는 것이지, 재산을 쌓아두고 풍요롭게 살아야겠다는 생각을 가져서는 안 된다. 율곡은 도道를 중시하고 물질적 가치를 가벼이 여기며, 재물을 추구하는 데 몰두하는 것이 진리를 추구하는 데 방해가 된다는 유가의 전통적 가치관을 가정경영에도 적용하였다. 율곡은 짚신을 삼아서 생계를 꾸려가고, 나무 하거나 고기를 잡아 살아가거나 김매기를 해주고 먹고산 은자隱者들을 예로 들면서, 이들이 능히 그런 방식으로 살 수 있었던 것은 부귀가 그들의 마음을 움직이지 못했기 때문이라고 설명했다. 율곡은 이해관계의 계산에 급급하고, 어떻게 하면 풍요를 누릴까 하는 생각에 몰두하는 것은 마음 씀에 해가 된다면서, 학자의 마음가짐은 모름지기 부귀를 가볍게 여기고 빈천을 지키는 것이라 하였다.

그러나 현실적으로 빈곤은 여러 사람을 좌절시키고 뜻을 꺾는 일이 많다. 맹자는 이러한 시련을 이겨내는 사람을 '대장부大丈夫'라고 하였다: "부귀로도 어지럽히지 못하고, 빈천함으로도 (마음을) 바꾸게 하지 못하고 위무威武로도 굴복시키지 못하니 이를 일컬어 대장부라고 한다『맹자』, 「등문공滕文公」下." 그러나 실제로는 이러한 '대장부'가 매우 드물다. 율곡은 사람들이 빈곤하면 그 빈곤으로 인해 그 지키는 바所守者를 잃는 경우가 많음을 지적하고, 학자는 이 점에 주목하고 노력을 게을리하지 말아야 한다고 했다. 그 '지키는 바'란 무엇일까? 의리, 절개, 자존심 같은 것일 것이다. 『논어』 「학이」편에 자공子貢의 말로 나오는 "가난하되 아첨하지 않는다貧而無諂"는 말은 가난 속에서도 잃지 않는 자존심, 긍지 같은 것을 말한 것이리라. 이어 율곡은 옛말을 빌려, 곤궁할 때 그 사람이 하지 않는 바를 보고, 빈곤할 때 그 사람이 취하지 않는 바를 본다고 하였으니窮視其所不爲, 貧視其所不取, 이는 군자는 아무리 가난해도 하지 않는 일이 있고, 취하지 않는 바가 있음을 강조한 말이다. 다음에 율곡은 『논어』의 "소인小人은 빈곤하면 곧 어지러운 행동을 한다窮斯濫矣"는 말을 인용하면서 빈곤에 흔들린바 되어 의義를 행할 수 없다면, 학문을 해도 아무 소용이 없음을 밝힌다. 물건을 받거나 사양하는 것도 그것이 의로운 일인가, 아닌가를 따져서 받거나 받지 아니할 것이며, 여기에 작은 차질이라도 생겨서는 아니 된다. 율곡은 친구 사이에는 재물을 도와주고 도움을 받는 '통재지의通財之義'가 있음을 인정하지만, 그것은 나의 삶이 궁핍할 때에 한하며, 내가 궁핍하지 않다면 친구가 보내는 쌀과 옷감을 받아서는 아니 된다고 가르쳤다. 친구가 아니면서 서로 알고 지내는 사람이 보내는 재물이 있다면, 명분이 확실한 경우는 받아야 하겠지만 그렇지 않은 경우에는 받아서는 아니 된다. 여기서 율곡이 말한 명분에는 조위금, 여비, 결혼 축의금, 굶주림을 도와주기 위한 금품 등이 해당된다. 그러나 사람들이 모두 꺼리는 악한 사람이 보내는 재물이라면, 비록 그것이 명분이 있다고 하더라도, 받으면 마음이 불편할 테니 이를 억지로 받을 필요는 없다. 율곡은 이를 『맹자』의 한 구절로 설명했다: "해서는 안 될 일을 하지 않고, 바라서는 안 될 것을 바라지 않는다無爲其所不爲, 無欲其所不欲. 『맹자』, 「진심盡心」上."

여기서 율곡의 경제관, 나아가 유학의 경제관에 대해서 조금 더 언급할 필요가 있다. 율곡은 공자의 말을 인용해서 "군자는 道(도)를 도모하지 밥을 도모하지 않으며, … 군자는 道를 걱정하지 가난을 걱정하지 않는다君子謀道不謀食. …君子憂道不憂食"라고 했는데, 유가의 사상가들은 정말로 경제를 하찮게 본 것일까? 아마도 군자가 돈벌이에 여념이 없어 학문과 수양을 게을리하지 말라는 뜻이지 경제 그 자체를 소홀히 한 것은 아닐 것이다. 율곡은 경제에 대해서 이원적二元的인 생각을 했다. 백성을 궁핍으로부터 구해주고 그들의 괴로움을 덜어주어야 한다. 그러나 군자라면, 자신의 가난을 염려하기 전에 도를 먼저 생각하고 염려해야 한다. 실제로 율곡은 백성의 어려움을 덜어주고 민부民富를 실현하기 위한 개혁안을 냈다. 사회의 상층부를 덜어서 기층민을 보태 주는 것, 곧 손상익하損上益下('위'를 덜어 '아래'에 보탬), 부다익과裒多益寡(많은 것을 떼어 내서 적은 것에 보탬)는 그의 경제정책의 중심을 이룬다. 진상의 감축, 공물의 간소화, 중간착취의 근절, 전세田稅의 개정과 양전量田의 실시 등의 정책은 '아래를 보태주기 위한益下' 개혁안이었다면, 궁중에서의 소비절약, 제사의 간소화, 정부기구의 축소/통폐합 등의 정책은 '위를 덜기 위한損上' 개혁안이었다. 이러한 개혁안으로부터 우리는 사익 추구를 멀리하면서도 민부民富의 성취를 위해서는 적극 노력한 유학자의 자세를 볼 수 있다.

「거가장」은 수령守令으로부터 경제적 도움을 받아서는 안 된다는 말로 끝난다. 이유는 다음과 같다. 중조中朝(중국)라면 읍재邑宰(지방행정관)에게 봉급이 지급되는지라 쓰고 남은 비용으로 다른 사람의 급한 볼일을 주선할 수 있다. 그런데 우리나라朝鮮의 경우에는 수령에게 봉급을 지급하지 않아, 수령은 공곡公穀으로 살아갈 수밖에 없다. 따라서 수령이 사사로이 남에게 재물을 주는 것은 (공금횡령과 같은 것이 되므로) 그 액수의 많고 적음과 관계없이 범죄가 된다. 선비 된 자가 수령의 공궤를 받는다면 이는 범법에 해당된다. 그러니 수령이 사사로이 나랏곡식官庫之穀을 공여한다면 이는 수령과 친한 정도親疏, 명분의 있고 없음, 양의 많고 적음을 막론하고 받을 수 없다.

실제로 어느 수령이 율곡에게 양식을 보내준 일이 있고 율곡은 이를 거절하였다. 율곡이 해주 석담石潭에 물러나 있을 때 양식이 떨어져 하루에 한 끼를 먹을 정도로 생활이 빈곤하였다. 이때 황해도 재령載寧 수령으로 와 있던 친구 최립崔岦이 쌀 몇 말을 보냈는데 율곡은 이를 받지 않고 되돌려 주었다. 자제들이 양식이 떨어졌는데도 친구가 보내 준 쌀을 거절한 이유를 묻자, "국법에 뇌물죄[장죄贓罪]가 매우 엄하고, 받은 자도 같은 벌을 받는다. 우리나라 수령은 나랏곡식이 아니고는 다른 물건이 없다. … 최립은 어릴 때 벗이니, 만일 자기의 개인 재물로 구제해 준다면 어찌 받지 않겠는가"라고 하였다. 여기서도 우리는 율곡이 자신이 옳다고 여기는 바를 꼭 실천하는 사람임을 알 수 있다.

『격몽요결』의 「거가장」은 율곡의 실제 집안 모습이었던 것 같다. 율곡은 가정에 머무는 동안에도 옛 예법을 지켰다. 그래서 음식을 먹을 때도 남녀가 따로 앉았고, 음식은 고르게 나누되, 앉는 자리의 순서도 나이에 따라서 정하여 질서가 정연하였다. 또한 집안의 여인들의 생활도 마치 관청처럼 엄숙하여, 한 방에 모여서 식사하거나, 가야금 뜯고 노래하고 노는 자리에서도 언제나 예절이 지켜졌다고 전한다금장태, 2011.

율곡은 가족관계에서 형식보다 정情을 앞세웠다. 이를테면 율곡은 강릉의 외조모 병구완을 위해서 (吏曹佐郞 직을) 사직했다1568. 율곡은 강릉 외가에서 태어나 6세까지 외조모 손에서 자란 데다가 어머니가 일찍 세상을 떠났으므로 외조모를 어머니처럼 여기고 그 의리를 지키려 하였다. 선조가 다시 교리를 제수하여도 그는 누차 사양하면서 외조모가 양육의 은혜가 있어서, 이름은 조손祖孫이나 정은 모자母子인데 늙어 돌볼 사람이 없으니 자손된 도리를 다하게 해달라고 청했다. 그는 선조의 배려로 휴가를 얻어 외조모를 돌보고 돌아왔다. 법리로 보면 외조모를 돌보기 위해서 사직하는 일은 있을 수 없는 일이었지만 그는 양육지은養育之恩과 인정을 중시한 것이다. 또, 율곡은 서모庶母를 대하기를 친모 섬기듯 하였다. 율곡은 적첩嫡妾의 관례보다 모자母子의 윤리가 인정에 더 절실하다고 밝힌 바 있다「답송운장答宋雲長」. 그는 가족관계에서 법전의 형식보다는 인정과 실정實情을 더 중시하였던 것이다. 율곡이 자신을 낳은 분, 자신을 기른 분, 아버지의 배필인 분 모두를, 어머니를 대하는 정으로 모셨음을 알 수 있다김혜숙, 2001.

율곡의 가족사랑은 유별났다. 그는 일찍부터 형제가 함께 살아야 된다고 생각했다. 그는 아홉 살 때 『이륜행실도二倫行實圖』를 읽다가 당唐나라 때 장공예張公藝라는 인물이 한 집안 9대가 함께 살았다는 대목에 깊이 감동받아, "9대가 한 집에 산다는 것은 아마 형편상 어려움이 있을 것이나, 형제간에 갈려 살 수는 없는 일이다"라 하고, 형제가 부모를 모시고 함께 사는 그림을 그려놓고 감상하였다「연보」. 그가 소년시절에 이미 형제간의 우애와 한 집안의 화합이 소중함을 깨달

았음을 알 수 있다금장태, 2011. 「행장行狀」에 따르면, 율곡은 중형仲兄을 섬기되 아버지 대하듯 했고 조카를 돌보되 자신의 자녀처럼 대했으며, 명절이면 형과 아우, 조카들과 베개를 잇고 함께 잠을 잤고連枕而宿, 좋은 날에는 아우에게 거문고를 타라고 하고 함께 즐겼다. 그가 얼마나 가족을 사랑했는지를 보여주는 대목이다.

(율곡은) 가정생활에서 효심과 우애가 마음에서 우러나 어려서부터 종족宗族이 한 집안에서 함께 살 뜻宗族同居之志을 가졌는데, 집안이 대대로 청빈하여 골육이 이산離散함을 늘 마음 아파하였다. 맏형이 일찍 세상을 떠나고 가솔家率이 회덕懷德에 있었는데 그들을 집안에 맞아들여 그 자녀를 가르치고 길렀으며 … 재용財用 및 기타 여러 가지 일들은 큰집 조카로 하여금 맡아 보게 하였다. 늘 둘째 형과 막내 아우와 여러 조카·생질들을 한 집에 모아 베개를 잇고 함께 잤으며, 명절 때나 좋은 날에 술과 음식이 생기면 아우에게 거문고琴를 타라 하고, 젊은이·어른에게 노래로 화답하게 하여 즐거움이 극한 후에 파했다. —「행장行狀」

율곡은 선조 10년 1월 마침내 해주海州 석담石潭에 형제를
비롯한 모든 식솔兄弟諸姪을 한데 모아 동거하기 시작했으니,
그의 어린 시절의 꿈이 이때 이루어진 것이다. 그 전해에
율곡은 종족이 함께 살기 위한 집, '청계당聽溪堂'을 석담石潭
에 마련하였다. 이때 율곡은 맏형수로 하여금 제사를 관장
하게 하고 형제자질兄弟子姪과 동복同腹의 무리로서 의지할 곳
없는 가족들을 모두 모으니 그 식솔이 무려 100명에 달했다
고 한다.

이 무렵 율곡이 일상생활은 다음과 같이 시작되었다. 날
이 새어 닭이 울면 일찍 일어나서 의관衣冠을 바로 하고, 자
제를 거느리고 먼저 가묘家廟에 나아가서 분향한 후 서모庶母
와 형수께 아침 문안을 드리고, 다음으로 부인과는 읍揖하는
것으로 예를 갖추고, 자제와 조카의 절을 받고 또 시첩侍妾의
절을 받았다. 그런 다음에야 서당에 물러가서 경전을 읽고
집필하는 것으로 일과를 시작했다「연보年譜」下.

이때 율곡은 이 대가족을 위한 교육서인 「동거계사同居戒
辭」를 지어 조카들에게 읽혔다. 그 내용은 대체로 ① 형제
는 부모의 몸으로 나누어 낳았으니同生, 한 몸과 다르지 않

다. 조금도 내 것, 네 것 하는 마음 없이 사랑하고 살지어
다. ② 안 계신 부모에게 효도할 길은 없으니, 제사를 극진
히, 정성 들여 모셔야 한다. ③ 맏형수伯兄嫂를 특별히 존경하
고 일가가 서로를 대함에 낯빛은 온화하게 하고, 말소리는
부드러워야 한다. ④ 사사롭게 재물을 두지 말고, 혹시 쓸데
가 있어도 집안일 주관하는 사람主家이 나누는 양으로 할 것
이다. ⑤ 첩은 아내에게 공순할 것이요極其恭順, 아내는 첩을
어여삐 여길 것이며慈愛無間 각각 성의껏 지아비의 마음을 어
기지 말 것이다. ⑥ 윗사람이 오면 앉아서 일하다가도 일어
날 것이며, 항상 조심하고 공손할 것. ⑦ 일가에 모든 사람
은 숙부를 아버지의 예로 대하고 종형제從兄弟, 사촌형제를 형제
의 예로 대하여 서로 사랑하고 한 몸같이 하여, 몸 가지기를
공손하게 하고 말씀은 온화하고 기쁘게 한다. 종비복婢僕이 잘못
하는 일이 있더라도 소리 높여 꾸짖지 말고 온화한 말로 가
르칠 것이며, 듣지 않으면 가장에게 고한다. ⑧ 한 집안 사
람이 화목하면 집안에 길한 일이 생기고, 서로 불화하여 거
슬리는 일이 있으면 흉한 기운이 생기는 것이니 두려워할
일이다. 「동거계사」의 요지는 서로 참고 공경하고 평화롭게

살아가자는 뜻이었다김익수, 1993.

율곡은 결코 말로는 미사여구美辭麗句를 늘어놓되 행동은
말로부터 아무런 구애도 받지 않는, 그런 종류의 사람이 아
니었다. 그 결과 그는 가난했다. 다음 이야기는 그의 습성화
된 가난을 말해 준다.

율곡이 벼슬을 사양하고 잠깐 파주坡州로 물러나 있을 무렵이
었다.

어느 날 최황崔滉이란 이가 율곡을 방문하여 겸상을 차려서
밥을 먹는데, 반찬이 너무도 빈약하기 때문에 … 젓가락을 들
고 머뭇거리기만 했다….

"이렇게 곤궁하게 지낼 수가 있습니까? 반찬도 없이…."

이 말을 들은 율곡은 웃으며,

"나중에 해가 지고 난 뒤에 먹으면 맛이 있느니!"

— 최준崔濬, 『창랑우언滄浪寓言』; 이은상, 1994

율곡이 세상을 떠날 때 집에 아무런 재산이 없었다. 염습
殮襲에 쓸 수의壽衣조차 없어서 친구들이 수의를 구하여 장례

를 치렀다. 서울에는 유족들이 거처할 집조차 없어서 친구
와 제자들이 돈을 모아 유족들의 거처를 마련했다. 선비는
도道를 염려할 것이요, 가난을 염려할 것이 아니다 ─그것이
그의 삶이었다.

제9장
접인接人

『격몽요결』의 아홉째 장은 「접인接人」이라고 이름 붙여져 있다. 글자 그대로 사람 대하는 방법을 다루고 있다. 사람들에게 어떻게 예를 갖출 것인가? 어떤 사람을 사귈 것인가? 다른 사람들을 어떤 태도로 대할 것인가? 이러한 문제들과 함께 나에 대한 타인의 비방誹謗에는 어떻게 대처해야 할지에 관해서 율곡은 말한다. 그 서술이 꼭 이 순서에 따라 전개되어 있지는 않다.

율곡은 대인관계에서 화목함과 공경스러움和敬을 최고의 가치로 인정했으며, 자만심과 남을 멸시하는 마음을 가장 경계했다. 타인에 대해서 갖추어야 할 예의에 대해서 율곡은 말하기를, 나이가 자신의 두 배가 되는 분은 아버지처럼 대하고, 나보다 10년이 많은 분은 형처럼 대하고, 5년이 많으면 조금 더 존경을 표하는데, 가장 나쁜 것은 자신의 학식을 믿고 남을 업신여기는 것이라 하였다.

율곡은 다른 사람에게 절하고 인사揖하는 예禮에 미리 정해진 것은 없다고 하면서도 그 기준을 제시한다. 기준이란, 아버지의 친구, 15세 이상 연장인 동네사람, 20년 이상 연장인 마을사람, 당상관堂上官으로서 나보다 10년 이상 어른인 자에게 절拜하라는 것이다. 그러나 이 예는 반드시 지켜야 하는 것은 아니며, 중요한 것은 항시 스스로를 낮추고 남을 높이는自卑尊人 마음으로 남을 대하는 것이다. 여기서 율곡은 "온화하게 남을 공경함이 덕의 바탕이다溫溫恭人, 惟德之基"라는 『서경』「대아大雅」'억抑' 구절을 인용한다.

다음 율곡은 사람 사귀는 법에 대해서 말한다. 학문을 좋아하고好學, 선행을 좋아하고好善, 바르고 엄격하며方嚴, 곧고 믿을 만한 사람을 택해서 사귀되, 이들과 자리를 함께하고 서로 경계하는 말을 겸허하게 받아들여 나의 단점을 고쳐나가야 한다. 반대로 게으르고 놀기 좋아하고, 아첨 잘하고 바르지 않은 사람은 사귀어서는 안 된다. 율곡의 '사람 사귀는 법'은 공자의 그것과 비슷하다. 공자는 벗을 사귐에 가림이 있어야 한다고 명시했다. 우선 자신보다 못한 사람을 벗하지 말라고 했다無友不如己者, 『논어』, 「학이」. 나아가 세 종류의 이로운 벗과 세 종류의 해로운 벗을 제시했는데, 세 종류 이로운 벗益者三友이란, 정직한 벗, 성실한 벗, 유식한 벗友直, 友諒, 友多聞이요, 세 종류 해로운 벗損者三友은 편벽된 사람友便辟, 남이 듣기 좋아하는 말만 하는 사람友善柔과 아는 것 없이 떠벌이기를 일삼는 사람友便佞이다『논어』, 「계씨」.

벗을 사귐은 나 자신의 문제이기도 하다. 내가 학문에 뜻을 둔다면, 나도 학문하는 사람을 구할 것이며, 학문하는 사람 또한 나를 구할 것이다. 그것이 동성상응同聲相應, 동기상구同氣相求의 이치이다. 말로는 학문을 한다고 하지만 집안에 잡스러운 손[잡객雜客]이 가득하고 시끄럽게 떠들기를 일삼는 사람은 진정으로 마음이 학문에 있는 자가 아니다.

마을사람鄕人 중에서도 사귈 만한 사람과 그렇지 못한 사람이 있다. 율곡은 마을사람 중 선량한 사람하고는 가까이 교류할 것을 권하면서도, 선하지 않은 사람에 대해서는 나

뻔 말로 그 악행을 드러낼 일이 아니요, 단지 사귀기를 범연泛然하게 해서 왕래를 자주 하지 않으면, 그 사람 역시 스스로 소원해져서 점차 왕래가 없어질 것이라는 소극적인 방법을 제시했다. 율곡은 학문하는 사람이 굳이 소인배의 원노怨怒(원망하고 노여워함)의 대상이 될 필요가 없다고 생각한 것 같다. 사실 타인의 불선不善을 들추지 말라는 생각은 꽤나 오래된 생각인 것 같다. 맹자도 "타인의 불선을 말한다면 그 후환을 어찌하겠느냐?"는 우려를 표명한 바 있고『맹자』, 「이루離婁」下, 『전국책戰國策』 「초책楚策」에도 "남의 좋은 점을 감추지 않고 남의 나쁜 점을 말하지 않는다不蔽人之善 不言人之惡"는 기사가 보인다.

　타인이 나를 비방한다면 나는 어떻게 행동해야 할까? 율곡의 답은 오늘날에 보아도 매우 흥미롭다. 그는 우선 우리에게 일단 반성해 볼 것을 권한다. 일단 자신을 돌아보아서 실제로 비방 받을 만한 행동을 한 적이 있으면, 이는 마땅히 통렬히 반성하여 고치기를 꺼리지 말아야 한다. 내가 잘못한 일이 아주 적은데 상대방이 침소봉대針小棒大하여 크게 부풀린 경우라면 이는 물론 상대방의 말이 지나친 것이지만,

돌이켜보면 내가 그 비방의 단초端初 또는 묘맥苗脈을 제공한 것이 사실이니만큼 당연히 지난날의 잘못을 제거하여 털끝만한 과오도 남기지 않아야 한다. 그런데 세상에는 허무맹랑한 거짓말로 나를 헐뜯는 경우도 있다. 율곡은 말한다. 그런 말을 하는 사람은 망령된 사람이니 그와 더불어 진실과 거짓을 따질 가치가 없다. "그의 헛된 비방은 바람이 귀를 지나가는 것風之過耳, 또는 구름이 허공을 지나는 것雲之過空과 같으니 나와 무슨 상관이 있겠는가?" 율곡의 결론은 남이 나를 헐뜯을 때, 돌이켜 보아서 그것이 근거 있다면 스스로 고치고, 근거 없다면 스스로 더 노력해야 한다는 것이다. 만약 이와 같이 한다면 헐뜯음조차 나에게 유익하다.

여기서 율곡은 자신이 절대 잘못한 것이 없다고 하여 자신을 허물없는 위치無過之地에 놓으려 하는 것이 좋은 방법이 아니라고 말한다. 자칫 허물이 더 커지고 비방이 더 거세질 수 있다는 것이다. 율곡은 문중자文中子(수隋나라 사람 왕통王通을 말함)의 말을 빌려 자신의 견해를 피력한다. 전에 누군가가 문중자에게 비방을 멈추게 할 길을 물었다. 문중자는 말하기를 '자수自修'(스스로 수양함)만한 것이 없다고 하였다. 더 말해달라고 하자, '변명하지 않는 것無辨'이라 했는데, 율곡은 이 말을 학자들이 본받아야 한다고 썼다(여기에 인용된 지방막여자수止謗莫如自修는 중국 고래의 속담方諺을 문중자가 인용한 것이다. 중국방언에 "救寒莫如重裘, 止謗莫如自修"란 말이 있다.「삼국지三國志」와「자치통감資治通鑑」등에도 이 속담이 인용되어 있다. — 도움말: 금장태琴章泰 서울대 명예교수).

율곡은 향리鄕里에서 접하는 사람들을 어떻게 대해야 하는지에 관해서 말한 바 있다. 선생과 어른을 모실 때는 공부하다가 잘 이해하지 못하고 의심나는 부분을 질문하는 것이 합당하다. 시골 장로長老를 모실 때는 마땅히 조심하고 삼가며 말을 함부로 하지 않을 것이며, 장로가 질문을 하면 존경하는 태도로 사실대로 말해야 한다. 친구들과는 주로 글과 의리에 대해서 이야기할 것이며 세간의 비루한 소문과, 시정時政(현금現今의 정치)의 득실得失, 수령의 현부賢否(현명함과 현명치 아니함), 타인의 과오 등은 화제로 삼지 않아야 한다. 마을 사람들과 접할 때 물음에 따라 응답할 것이지만, 비루하고 상스러운 말을 입 밖에 내어서는 안 된다. 율곡은 학문하는 자가 스스로는 정중하고 위엄 있는 태도를 갖더라도 남에게는 교만한 모습을 보여서는 안 되며, 향인鄕人을 좋은 말로 이끌고 북돋아서 학문의 길로 이끌어야 한다고 말하고, 어린이에게도 간곡하게 효제충신孝悌忠信의 길을 일러 줄 것을 권했다. 그는 이러한 방식으로 마을의 풍속을 순후淳厚하게 변화시키기를 원했다.

우리가 다른 사람과 사물에 대해서 가져야 할 마음가짐은 무엇일까? 율곡은 여덟 글자로 표현한다: 온공자애, 혜인제물溫恭慈愛, 惠人濟物 — 온화하고 공손하며 자애롭고, 남에게 은혜를 베풀고 사물을 구제한다. 타인의 권리를 침해하고 사물을 해치려는 생각은 터럭만큼이라도 마음에 담아 두어서는 안 된다. 그런데 사람들이 자신의 이익을 챙기다보면 마침내 타인과 사물을 침해하기에 이르게 되는 것이니 "학자는 반드시 이기심利心을 끊은 연후에 인仁을 배울 수 있다."

율곡은 「접인」을 공사公私를 엄히 구분하라는 취지의 글로 끝낸다. 시골 선비가 불가피한 일이 아니면 관부官府에 갈 필요가 없다는 것이다. 수령 또는 읍재邑宰가 가까운 친지일지라도 자주 찾아갈 일이 아닌데, 하물며 친구도 아닌 바에야. 더욱이 의롭지 않은 청탁 같은 것은 일절 해서는 아니

될 것이다.

「접인」은 율곡이 초학들에게, 마을에서 이웃사람들과 관계 맺고 살아가는 방식을 일러 준 글이다. 이웃사람들과 맺는 관계에서 율곡이 중시한 것은 화경和敬(화목함과 공경스러움)과 온공자애溫恭慈愛이다. 그러다보니 율곡은 선하지 않은 사람에 대해서도 그 악행을 드러내지 말고 단지 관계를 소원하게 가질 것을 권했고, 허무맹랑한 거짓말로 나를 헐뜯는 사람의 말에 대해서도 진실과 거짓을 따지지 말고 그저 "바람이 귀를 지나가는 것, 또는 구름이 허공을 지나는 것" 정도로 여기라고 하였다. 이는 우리가 「경연일기」에서 보아 온, 옳고 그름을 면도칼처럼 가리는 율곡의 모습과는 큰 차이가 있다. 이에 대해서 최승순崔承洵은 다음과 같이 말했다:

그의 접인관觀은 적극적이 못 되고 소극적이며, 능동적으로 사회교화를 하자는 자세가 아니고 은둔적인 데가 있다. 즉, 불선不善한 자를 책하여 선한 방향으로 인도치 아니하고 불선한 자의 누행을 악언으로 드러내지 말고 지이불관知而不關하라는 태도가 그것이고, 전부터 알던 사람으로 그 사람이 불선하

면 만났을 때마다 그의 불선을 책하는 것이 아니고, 수인사修
人事나 하는 정도로 하여 그와의 관계를 유지할 것이지 보다
깊은 관계는 맺지 말라고 한 태도가 그것이다. 이 점은 善을
향하여는 적극성을 띠고 있었던 그의 많은 소차疏箚와는 상반
하고 善을 위해서는 '직위'와 '연령'을 가리지 않고 강직한 직
언을 한 것과는 대조적 인상을 풍기고 있다.

— 최승순, 1995

필자의 생각으로는 율곡은 조정에서 신료臣僚들을 대하는
태도와, 마을에서 이웃사람을 대하는 태도를 구분한 것 같
다. 조정朝廷은 옳고 그른 것을 가려서 정치를 바른 방향으로
이끌어 가는 장소이다. 그리고 신료들은 모두 학식 있는 선
비들이다. 그런데 마을은 이웃사람들과 어울려 살아가는 장
소이지 옳고 그름에 대한 토론의 장소가 아니다. 그리고 이
웃의 모든 사람이 학식이 있는 것은 아니다. 그런 이유로 조
정의 신료와 마을 이웃을 대하는 태도 또는 방식은 다를 수
밖에 없다.

율곡은 사람의 행적을 평하는 데 매우 냉정했다. 아마도

율곡은 전비前非를 반복하지 않고 전철前轍을 밟지 않으려면 선인들/동시대인들의 행적을 냉철하게 분석하고 비판할 필요가 있다고 생각한 듯하다. 이를테면 당대의 유명한 유학자 남명南冥 조식曺植에 대해서조차 율곡은, "뜻과 행실이 높고 깨끗하니, 진실로 한 시대의 일민逸民이다. 그러나 그의 논의와 저술을 보면 실제로 체득한 주견이 없고 상소한 것을 보아도 역시 세상을 경륜하고 백성을 구제하는 방책은 못 되었다. … 그러므로 그를 '도학군자道學君子'라고 하는 것은 진실로 실상에 지나친 말이다"라고 하였으며, 퇴계가 선조宣祖 임금에게 이준경李浚慶과 기대승奇大升을 추천한 사실에 대해서 평하기를, "이준경은 수상(영의정) 자리에 있으면서 임금을 마땅한 '도'로 이끌 수 없었고, 출중한 인재들을 널리 불러오지 못하면서, 뻣뻣하고 오만하여 남을 용납하는 도량이 없으며, 단지 현실의 법규만 준수하여 선비의 의논을 막아 버리니, 머릿수만 채워놓은 신하만도 못한 셈이다. 기대승은 재주가 탁월하지만 기질이 거칠어 학문이 정밀하지 못한데 자부심이 너무 높아서 선비들을 경시하며, 자기와 견해가 다른 사람을 미워하고 견해가 같은 사람은 좋아한다.

140

만약 임금의 신임을 얻는다면 그 집요한 병통이 장차 나라를 그르칠 것이다. 이문순李文純, 퇴계의 현명함으로도 그 추천하는 바가 이와 같으니, 사람을 알아본다는 것이 어찌 어렵지 않겠는가"라 하였다「경연일기」.

금장태가 지적했듯이, "율곡은 마치 저울 위에 올려놓고 물건의 무게를 달아보듯이 모든 인물의 장점과 단점을 엄정하게 평가하는 데 탁월한 능력을 발휘하였던 것 같다." 율곡은 어렸을 때부터 사람을 평가하는 예리한 안목을 보여 주었다! 일곱 살 때 그는 가까운 이웃에 살던 인물 진복창陳復昌을 논한 「진복창전陳復昌傳」을 지었다(율곡은 여섯 살 때 어머니를 따라 강릉에서 서울로 돌아와서 수진방壽進坊에 있던 본집에서 살았다). 내용은 "군자는 마음속에 덕을 쌓는 까닭에 그 마음이 태연하고 소인은 마음속에 욕심을 쌓는 까닭에 그 마음이 늘 불안하다. 내가 진복창의 사람됨을 보니, 속으로는 불평불만은 품고 겉으로는 태연한 체하려 한다. 이런 사람이 뜻을 얻게 된다면 나중에 닥칠 걱정이 어찌 한이 있으랴"라고 하였다「연보年譜」. 과연 진복창은 몇 년 뒤의 을사사화乙巳士禍 1445 때 윤형원尹元衡의 심복으로 있으면서 많은 선비들을 희생시키는 데 앞장섰다. 어린 율곡의 탁월한 지인지감知人之感과 함께 엄격한 비판의식을 알아볼 수 있는 대목이다금장태, 2011.

　율곡이 이토록 엄정하게, 또는 날카롭게 인물평을 한 것은 분명 이유가 있었을 것이다. 사람들의 행적은 ―잘한 행동과 잘못한 행동을 망라해서― 나의 행동의 귀감이 된다. 『주역』 '大畜(대축)'괘 象辭(상사)에는 "지나간 말씀과 행적을 많이 알아 그 덕을 기른다多識前言往行以畜其德"라고 되어 있다. 그러기 위해서는 지난 일의 잘잘못을 가려서 거울삼아야 할 것이다. 그러나 마을의 인물평은 전혀 그와 같을 필요가 없었다.

제10장
처세處世

　『격몽요결』은 서문과 함께 열 개의 장으로 구성되어 있는 글이다. 그러니까 「처세」는 마지막 장이다. 이 장에서 율곡이 말하려 한 것은 학문과 사환仕宦(벼슬살이)의 관계이다. 특히 과거시험을 위한 공부와, 세상의 이치를 터득하기 위한 공부(여기서는 '이학理學')의 관계가 심각하게 다루어져 있다.

　먼저 율곡은 당시의 인재등용제도가 율곡이 바람직하다고 여기는 제도와 차이가 있음을 밝힌다. 율곡이 바람직하다고 여기는 제도는 '옛' 제도이다. 옛날 사람들은 꼭 벼슬하기를 구한 것이 아니며, 학문에 성취가 있으면 윗사람이 천거하여 등용하였다. 그러니 벼슬하는 것은 남을 위한 것이지 자신의 영달榮達을 위한 것이 아니었다. 그런데 지금(율곡의 시대)은 오직 과거를 통해서만 사람을 뽑으니, 온 집안이 나서서 과거시험 준비에 총력을 기울이게 된다. 이러한 상황에서 선비들이 부모의 희망과 문중의 계책을 위해서 과거 공부에 매달리게 되는데 이것을 율곡은 '선비의 습관이 나빠지는 것士習之偸'으로 여겼다. 율곡은 이러한 형편에서도 선비는 그 재능을 닦고 때를 기다릴 것이며利其器, 侯其時, 성공과 실패는 하늘에 맡겨야 하며, 초조하게 성공만을 탐함으로써 본래의 뜻을 상하게 해서는 안 된다고 주장했다. 율곡의 이 구절은 "군자는 그릇(여기서는 능력, 재능을 뜻함)을 몸에 감추고 때를 기다려 움직인다君子藏器於身, 待時而動"는 『주역』 「계사繫辭」下의 구절을 떠올리게 한다.

율곡은 과거를 위한 공부科業를 참 공부(곧 '학문學問' 또는 '이학理學')로 여기지 않았다. 오히려 과업科業과 학문, 과업과 이학理學을 대비시켰다. 이학은 인생과 세상의 이치를 따지는 학문으로 성리학과 동일한 의미로 사용되었다. 그는 선비가 과거공부로 인해서 인생공부 —'학문'— 를 소홀히 할 것을 경계해서, "누가 말하기를 자신이 과거공부에 매여서 학문을 할 수 없다"고 한다면, 이는 핑계에 불과하다고 하였다. 옛날 선비들은 몸소 밭 갈고, 품팔이하고, 쌀짐을 져서 부모를 봉양하면서도 책을 읽어 덕을 쌓았는데, 오늘날 선비들은 옛 사람들처럼 부모를 모시지 않고 단지 과업에 종사할 뿐이니, 옛날 밭 갈고 품팔이하던 선비들보다 훨씬 더 편한 생활을 한다는 것이다. 더욱이 남는 시간에 성리지서性理之書를 읽을 수 있지 않은가!

즉 율곡이 권한 것은 과업과 이학을 병행하되 지금 바로 이러한 공부에 착수(착공著功, 하수下手)하는 것이다. 게으른 자는 자신이 이학에 뜻을 두고 있어서 과업에 전념할 수 없다고 하고, 한편으로는 자신이 과업에 매여서 실질적인 공부를 할 수 없다고 하니, 이런 식으로 날을 보내면 마침내 이룰 수 있는 것이 없다. 후회스러운 일이 아닌가.

율곡은 벼슬과 출세에 매인 바 되어 그 본심을 잃음을 경계했다. 벼슬이 없을 땐 하루 빨리 그것을 얻고자 하고, 관직을 얻게 되면 그것을 잃을까 두려워하니 그럼으로써 본심을 잃는 자가 많다는 것이다. 높은 벼슬자리에 있는 사람이라면 도를 행하는 데 주력할 것이니, (여건과 때가 맞지 않아서)

도를 행할 수 없으면 물러날 일이다. 관직이 높은 사람은 그렇다고 해도 호구지책糊口之策을 위해서 관직에 종사해야 하는 사람의 경우는 어떨까? 율곡은 이를 '녹사祿仕'라 했다. 벼슬하는 목적이 녹봉祿俸(봉급)에 있다는 뜻이다. 그런 경우라면, 곧 "집이 가난하여 녹사를 면할 수 없다면 반드시 내직內職을 사양하고 외직外職에 나아갈 것이요, 높은 자리를 사양하고 낮은 자리에 머물 것이며, 그럼으로써 배고픔과 추위를 면하는 것으로 끝내야 한다." 또한 아무리 호구지책을 위한 벼슬살이라 해도 관리의 정도正道를 지켜야 하는 것이니, 다시 말하여 청렴하고 근면하게廉勤奉公, 직분을 다해야 한다盡其職務. 아무리 '밥'을 위한 벼슬길이라도 직무를 소홀히 하고 봉급만 탐하는 태도曠官而餔啜는 불가하다는 뜻이다. 여기서 보듯이 율곡은 높은 벼슬자리에 있는 사람은 도를 행할 수 없으면 물러나야 한다고 했지만, 관직이 낮은 사람에게는 먹고 살기 위한 '녹사'도 인정했다. 기록에 의하면, 벼슬살이의 초기에 율곡은 자신의 벼슬살이를 녹사로 여겼다. 그는 스스로 "가세가 가난하여 녹祿을 구하여 구차하게 과거에 응시했다「사정언소辭正言疏」"고 했다. 「사부교리소辭副校理疏」에는 벼슬살이에 대한 그의 초기의 생각이 잘 나타나 있다.

　… 옛날부터 불교의 해독에 걸린 사람들 치고 臣(신)처럼 심각했던 사람이 없었습니다. 이때 스스로 세상에 버림받은 사람이라 단정하고는 곧 세상일을 모두 끊고 적막한 곳에 살면서 밭갈이나 하고 글이나 읽으면서 여생을 보내려 하였습니다. 그런데 臣의 부친은 臣에게 약간의 글재주가 있음을 아깝게 여겨서 억지로 명성을 추구하게 하였습니다. "부친이 생존해 계실 때 그 뜻을 본다父在觀志"고 하였으니, 臣으로서는 어쩔 수 없었고, 臣 스스로도 생각하기를 집은 가난하고 어버이는 늙었는데 봉양할 길이 없다고 하고는 부끄러움을 무릅쓰고 허물을 감춰둔 채 마침내 거인擧人(과거시험 응시자)이 되었습니다. 그러나 과업을 성취하기도 전에 臣의 부친이 세상을 버리니 출세하고 벼슬하려던 생각이 마음에서 갑자기 사라졌습니다. 그래도 집안이 가난하여 의지할 곳이 없음을 걱정하고 삶을 꾸려가고자 하여 계속 과거에 응시하였는데, 臣의 구구한 뜻은 오직 몇 말 몇 되의 녹祿이나 받음으로써 굶고 헐벗는 일이나 면하려는 것이었습니다.

율곡이 생각한 참된 선비眞儒는 "나아가 도를 행하여 백성들을 행복하게 살 수 있게 하고, 물러나서는 만세萬世에 가르침을 남기는 이"이다「만언봉사萬言封事」. 더 구체적으로는

선비가 이 세상에 태어나 어려서부터 학문을 익히는 것은 장차 행하기 위한 것이다. 학문은 자신에 달린 일이지만 행하고 행하지 못하는 것은 때에 달린 일이다. 학문이 부족한데 먼저 행하기를 구하는 것도 불가하지만 학문이 이미 족한데 행하기를 구하지 않는 것도 또한 지나친 것이다.

—「증유응서치군설贈柳應瑞治郡說」

선비의 겸선兼善은 원래의 뜻이다. 물러나 스스로를 지킴自守이 어찌 본 마음이겠는가. 때를 만남과 못 만남이 있기 때문일 따름이다. —「동호문답東湖問答」

이곳에서 율곡이 말한 '겸선兼善'이란 『맹자』「진심盡心」上에 나오는 말로 다른 사람들을 선으로 이끈다는 뜻이니, 곧 세상에 자신의 뜻을 펴는 것을 말한다. 맹자는 이 말을 독선獨善,

곧 독선기신獨善其身과 대조적인 개념으로 사용했다. 맹자의 '독선'은 우리가 오늘날 사용하고 있는 '독선'과 뜻이 전혀 다르다. 세상에 자신의 뜻을 펼 수 없을 때, 자신을 수양하여, '자기 한 몸이라도 善해지는 것'을 도모한다는 뜻이다. 『맹자』에 실린 원문은 다음과 같다「진심盡心」上.

옛 사람은 뜻을 얻으면 그 은택이 백성에게 미치게 하였고, 뜻을 얻지 못하면 스스로를 수양함으로써 세상에 이름을 남겼으니. 곤궁할 때는 홀로 그 몸을 선하게 하고, 현달顯達할 때는 두루 세상을 선하게 했다古之人, 得志, 澤加於民; 不得志, 修身見於世. 窮則獨善其身, 達則兼善天下.

율곡의 지론持論은 다음과 같다. 선비가 학문을 익히는 것은 장차 배운 바를 실천하기 위함이며, 선비는 배운 것을 세상에 펼 사회적 책임이 있는 자이다. 율곡은 선비에게 나아가 나랏일에 진력하는 길과 물러나 자신의 도를 지키는 길 등 두 가지 길이 있음을 인정했지만, 정작 선비가 목표로 해야 할 것은 나라와 백성을 위해서 자신이 공부한 바를 펼으로써 사회적 책임을 다하는 일이지 물러나는 일이 아님을 분명히 했다. 그런데도 선비가 물러나는 것은 때를 못 만나서, 곧 "말이 쓰이지 아니하고 도가 행하지 아니하므로 부득이해서 물러나는 것이지 물러남이 평소의 뜻素志은 아니다「경연일기」." 율곡이 당대의 큰 스승 퇴계退溪 이황李滉이 그 뛰어난 학식과 식견으로 조금 더 적극적으로 나랏일에 참여하지 않는 것을 아쉬워한 대목에서도 선비의 사회적 책무에 대한 율곡의 인식을 읽을 수 있다.

「경연일기」에 의하면 명종 말년에 명종이 퇴계를 불러 중국 사신을 접대하게 하려 했으나 퇴계가 올라와 미처 임명도 받기 전에 명종이 승하昇遐했다. 선조가 그를 예조판서로 삼았으나 그는 병을 칭하고 사직했다. 율곡이 퇴계에게, "어린 임금이 처음 서고, 시사時事에 어려움이 많으니 분分과 의義를 보아 선생님께서는 물러가서는 안 됩니다"라고 했으나 퇴계는 듣지 않고 국장國葬에도 참여하지 않고 귀향했다. 율곡은 이를 아쉬워했다.

삼가 살피건대 대신大臣은 도로써 임금을 섬기다가 불가하면 그만두는 것이다. 이황은 선조先朝의 유로遺老로서 이미 다시 조정朝廷에 섰으면 당연히 새 임금을 보좌하다가 불가함을 안 연후에 물러나야 할 터인데, 간절히 사퇴하기를 마지않으니 『주역』에 이른바 능력을 헤아리고 분分을 헤아려量能度分 남이 알아주기를 구하지 않는 데서 편안함을 얻는 사람이런가.

―「경연일기」

율곡이 선비의 일과 책임을 이렇게 적극적으로 규정했음에도 불구하고, 율곡 자신은 여러 번 관직을 사辭하고 낙향하였는데, 그가 자주 사직한 것은 도를 행할 수 없고 뜻을 펼 수 없기 때문에 선택한 궁여지책窮餘之策이었지, 그가 진정 원했던 선택은 아니었다. 그의 말이 채택되지 않고 道가 행해지지 않아 부득이해서 자주 물러난 것이다. 조광조趙光祖 정암靜菴에게는 중종中宗, 송宋나라 왕안석王安石에게는 신종神宗이라는 임금이 있어서 개혁정치의 실현이 가능했던 것인데(그러나 후에 중종은 조광조를 배신하고 사사賜死했다), 선조는 율곡에게 '중종'도 '신종'도 아니었다.

선조의 율곡에 대한 평가는, 율곡이 '큰 인물,' '크게 쓰일 사람'이긴 하지만, 그의 말이 '과격過於激', 또는 '교격矯激'(성질이 괄고 굳셈. 괄다는 말은 성질이 느긋하지 않고 팔팔한 것을 가리킴)하다는 것이었고「경연일기」, 심지어 율곡이 "자신(선조)을 섬기려 하지 않는다此人矯激, 且不欲事予.「연보年譜」"라고까지 평했다. 또 임금은 주장이 강한 원칙주의자 율곡을 '우활迂闊(사리에 어둡고 세상 물정을 잘 모름)'하다고도 했는데, 김장생金長生, 사계沙溪은 그 이유가, 율곡이 학문이 미진하다고 여러 번 요직을 사양한 데다가 진설陳說하는 바가 반드시 당우삼대지도唐虞三代之道(유가의 이상적인 정치)였기 때문이라고 해석했다.

이처럼 율곡은 때때로 '교격하다', '우활하다'는 평을 들으면서도 경연經筵에서, 또는 상소문을 통하여 늘 개혁을 주장했다. 이를테면 그의 대표적인 상소문「만언봉사萬言封事」를 왕에게 올리면서, 자신의 안案을 3년간 시행해 본 연후 나라가 진흥하고 백성이 편안하지 않으면 자신을 임금을 속인 죄로 치죄할 것을 청했다. 그러나 이 간절한「만언봉사」와 여타 개혁안에 대한 왕의 반응은, 율곡의 논의는 매우 훌륭한 것이지만 개혁은 쉽사리 할 수 없고, 조종祖宗의 법은 쉽게 바꿀 수 없다는 것이었다.「만언봉사」에 대한 선조의 비답批答은, "소사疏辭를 살펴보니 요순堯舜의 군민君民으로 만들려는 뜻을 볼 수 있다. 훌륭한 논의다. 옛사람도 이보다 더할 수 없었을 것이다. … 다만 일을 경장하자는 것이 많은데 갑자기 모두 변경할 수는 없다"는 것이었고선조 7년, 「경연일기」, 율곡이 동료들과 더불어 폐법弊法을 고치고, 공안貢案을 개정하고, 주현州縣을 합병하고, 감사監司의 재직기간을 늘리자고 차자箚子를 올려 청했을 때 왕의 대답은, "차자를 보니 매우 좋다. 그러나 구법舊法을 바꾸는 것은 쉽지 않을 듯하다"는 것이었다선조 14년. 「경연일기」. 개혁의 중추기구로 경제사經濟司를 설치하자는 건의에 대한 왕의 반응은 "경제사를 설치한 후에는 반드시 큰일이 일어날 것이다. 우리나라에서 모든 일을 육조六曹가 분장分掌함은 분명히 뜻이 있는 것이다"는 것이었다선조 14년. 「경연일기」. 결국 나라를 바로 잡고 백성의 어려움을 구하기 위한 여러 개혁안들은 시행된 것이 거의 없다. 김혜숙은 율곡의 잦은 사직의 배경을 다음과 같이 설명했다:

결국 율곡이 직이 제수될 때마다 자신의 능력부족이나 신병을 이유로 사직을 간청할 수밖에 없었던 것은 당시 조정의 분위기나 임금의 뜻이 율곡의 정치적 이상을 실현할 수 없는 형세였기 때문이라 볼 수밖에 없다. 율곡은 도를 실현하고자 하는 자신의 정책을 임금이 받아들여 시행에 옮길 기미가 보이면 훼예毁譽에 개의하지 않고 기꺼이 직에 종사하고자 했다. 그러나 임금이 자신의 충언을 받아들여 정치에 실현하려는 기미가 도무지 보이질 않으니 국가에 보익됨이 없이 … 직을 지키고 녹이나 얻는 … [것은] 유자의 도리가 아님으로 물러나야 한다고 결단했던 것이다. — 김혜숙, 2001

다음에 옮겨 놓은 율곡의 시는 사직辭職과 관련된 그의 심회心懷를 잘 말해 준다.

행장行藏*이 명命에 달렸지 어찌 사람에 달렸으랴!

行藏由命豈由人

원래 뜻은 일찍이 자신만 깨끗이 하자는 것이 아니었는데

素志曾非在潔身

궐문에 세 번 상소로 임금을 하직하고   閭闔三章辭聖主

강호의 조각배에 외로운 신하를 실었구나   江湖一葦載孤臣

거친 재주 겨우 남쪽 밭을 가는 데 적합하건만

疎才只合耕南畝

맑은 꿈 부질없이 북신北辰**을 휘감네.   淸夢徒然繞北辰

띠풀집 자갈밭 옛 가업에 돌아오니   茅屋石田還舊業

반평생 마음씀이 가난을 걱정 않네   半生心事不憂貧

율곡의 「행장行狀」을 지은 이(김장생金長生)는 이렇게 아쉬움을 표했다.

선생은 도를 밝히는 것을 자신의 임무로 여기고, 시대를 구하는 것을 자신의 근심거리로 삼았다. 시골에 있어도 임금을 잊은 적 없고 누차 왕명을 받아 나아가서 현명함을 숨기지 않았으나 그것이 빈말로 돌아가고 시행됨이 없었으니 비록 간절한들 무슨 보국補國함이 있었겠는가.

---

* 행장行藏: 관직에 나아가고 물러섬.
** 북신北辰: 임금 계신 곳.

후기|後記

 이 글을 쓰면서 나는 명저의 해설서를 쓴다는 것이 결코 쉬운 일이 아니라는 것을 깨달았다. 자칫하면 명저의 명성에 누累가 될 수 있기 때문이다. 한편 나 자신을 위해서는 이는 잘된 일이었다. 작업을 위해서 『격몽요결』을 여러 번 읽었을 뿐 아니라 관련 서적도 구해 읽었고, 율곡에 대해서 다시금 배우고 생각하게 되었기 때문이다.

 율곡 선생에 대해서 새삼스럽게 다시 생각한 점은 선생은 진정 생각한 것을 실천하는 분이었다는 점이다. 율곡은 선비가 할 바는 나가서는 세상을 위해서 일하고 들어와서는 남을 가르치는 치는 것이라고 생각했는데, 그는 이를 실천했다. 그는 어렸을 때부터 형제는 부모와 한 몸을 나눈 사이이며 함께 살아야 한다고 생각했는데, 마침내 이를 실천했다.

그는 군자는 남이 보지 않는 곳에서 떳떳해야 한다고 가르쳤는데處幽如顯, 處獨如衆, 스스로 이를 실천했다. 또 군자는 도道를 염려하지 가난을 염려하지 않는다고 했는데 그는 이를 실천했다. 그는 「자경문自警文」에서, 성인과 같은 경지에 이르기 전에는 자신의 일이 끝난 것이 아니라고 다짐했는데, 이는 어떻게 되었을까? 나는 선생이 열熱과 성誠을 다하여 이를 실천했다고 믿는다.

말 잘하는 이는 흔하다. 그러나 그것을 실천에 옮기는 이는 드물다. 더욱이 실천에 온갖 어려움이 따를 때에야…. 율곡선생은 의義란 마음속에 모셔 두는 것이 아니고 실천에 옮겨야 하는 것임을 온몸으로 보여 주었다. 그것이 교훈이다.

참고문헌

『栗谷全書』, 성균관대학교, 대동문화연구원, 1971.

『논어』. 『주역』. 『대학』. 『맹자』. 『중용장구』.

『역주 삼강행실도』, 세종대왕기념사업회, 2010.

금장태, 『율곡평전: 나라를 걱정한 철인』, 지식과교양, 2011.

김익수, 「율곡 '同居戒辭'의 윤리교육관 연구」, 『한국사상사학』
   4·5, 1993.

김혜숙, 「율곡 李珥의 삶과 詩」, 『韓國漢詩作家硏究』 6, 韓國漢
   詩學會, 2001.

박완식(편저), 『大學: 大學, 大學惑問, 大學講語』, 여강출판사,
   2005.

서정기(역주), 『새 시대를 위한 시경』 上·下, 살림터, 2001.

안경애, 「격몽요결의 서지적 연구」, 『서지학연구』 7, 서지학회,
   1991.

이동준,『16세기 한국 성리학파의 철학사상과 역사의식』, 심산, 2007.

이동인,「우상숭배와 유가의 제례」,『동양사회사상』18, 2008.

이은상,『補遺 사임당과 율곡』, 성문각, 1994.

이종성,「율곡과 도가」,『율곡학과 한국유학』, 예문서원, 2007.

이희재,「율곡의 불교관」,『율곡학과 한국유학』, 예문서원, 2007.

임옥균,『李珥: 정치적 실천철학의 완성』, 성균관대학교출판부, 2006.

정후수(주해),『격몽요결』, 도서출판 장락, 2004.

최승순,「율곡의 교학사상연구」,『율곡사상연구』2, 율곡학회, 1995.

황의동,『율곡 이이』, 살림, 2007.

胡適,『中國哲學史大綱』卷上, 北京, 東方出版社, 1996.